# LES
# SYNDICATS INDUSTRIELS

## DE PRODUCTEURS

### EN FRANCE ET A L'ÉTRANGER

*(Trusts — Cartells — Comptoirs)*

PAR

## PAUL DE ROUSIERS

# Librairie Armand Colin
### Paris, 5, rue de Mézières

LES

# SYNDICATS INDUSTRIELS

## DE PRODUCTEURS

### EN FRANCE ET A L'ÉTRANGER

# OUVRAGES DU MÊME AUTEUR

**La Vie américaine.** (Ouvrage couronné par l'Académie française.)

**La Question ouvrière en Angleterre.** (Ouvrage couronné par l'Académie des sciences morales et politiques.)

**Le Trade-Unionisme en Angleterre**, avec la collaboration de MM. de Carbonnel, Festy, Fleury et Wilhelm. (*Bibliothèque du Musée social.*)

**Les Industries monopolisées aux États-Unis.** (*Bibliothèque du Musée social.*)

Coulommiers. — Imp. PAUL BRODARD. — 911-1901.

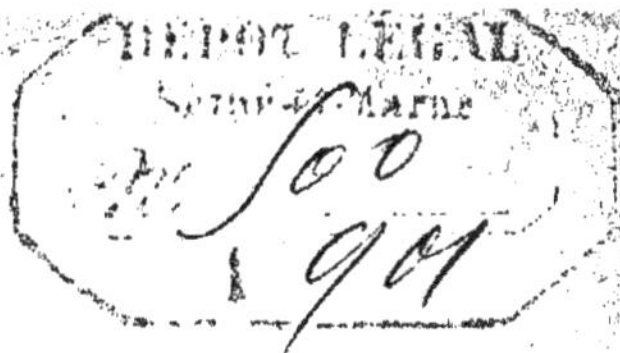

# LES
# SYNDICATS INDUSTRIELS

## DE PRODUCTEURS

### EN FRANCE ET A L'ÉTRANGER

*(Trusts — Cartells — Comptoirs)*

PAR

## PAUL DE ROUSIERS

**PARIS**
**LIBRAIRIE ARMAND COLIN**
5, RUE DE MÉZIÈRES, 5
1901

# TABLE ANALYTIQUE

---

## CHAPITRE I

### Détermination du phénomène étudié.



## CHAPITRE II

### Les trusts américains.

## CHAPITRE III

### Les cartells allemands.

# CHAPITRE IV
## Les syndicats industriels de producteurs français.

## CHAPITRE V

### Conclusion.



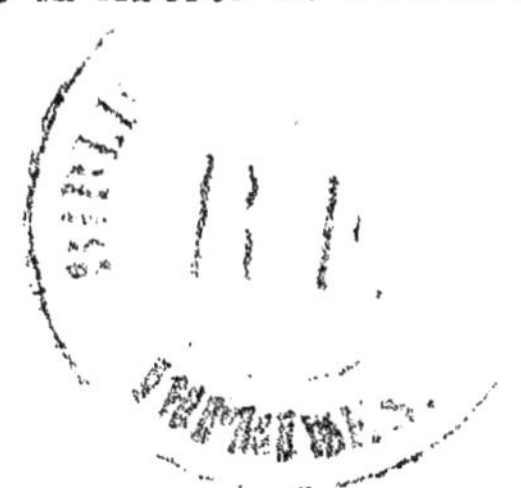

# LES
# SYNDICATS INDUSTRIELS
## DE PRODUCTEURS

---

## CHAPITRE I

### DÉTERMINATION DU PHÉNOMÈNE ÉTUDIÉ

Le xix<sup>e</sup> siècle a vu s'établir dans tous les pays industriels, au fur et à mesure de leur développement, un régime nouveau rompant avec les réglementations et les entraves anciennes, celui de la liberté du travail.

Ce régime n'est pas une création artificielle du législateur. La loi s'est montrée, suivant les pays, plus ou moins prompte à le consacrer; mais, soit qu'elle l'ait reconnu avec empressement, soit qu'elle ait fait effort pour mettre obstacle à sa naissance, il s'est imposé comme la conséquence obligée des transformations économiques modernes. Les communications rapides rapprochaient les différents marchés autrefois séparés ; les progrès du machinisme rendaient nécessaire la création des grandes usines et déterminaient, par suite, une production dépassant de beaucoup les besoins de la consommation locale. En présence de ces conditions nouvelles, le crédit s'organisait d'une manière plus puissante et plus large ; des banques se constituaient avec un caractère international ; des sociétés industrielles faisaient servir le capital disponible des nations anciennement riches au développement des pays à ressources inexploitées. Tout concourait à susciter partout la libre initiative de l'homme. C'était comme un appel pressant à toutes les capacités, à toutes les énergies, de s'employer activement. Et personne ne soupçonnait que la liberté du travail, par suite, la liberté de la concurrence pût être menacée désormais.

Cependant la fin du xix<sup>e</sup> siècle a été marquée par un phénomène économique d'aspect inattendu. Tandis que l'évolution industrielle et commerciale avait favorisé depuis l'avènement du machinisme le libre jeu de la concurrence ;

tandis que les barrières anciennes, qui mettaient obstacle jadis à la liberté de l'industrie, étaient tombées successivement; tout à coup, on a vu surgir du milieu de la mêlée de nouvelles puissances groupant ensemble les vainqueurs de la lutte, les organisant, cherchant à faire régner sur le champ de bataille économique, sinon la paix, du moins des trêves temporaires. Et on s'est demandé si ces trêves conclues entre les vainqueurs seuls, excluant par conséquent les vaincus de la veille comme les lutteurs du lendemain, ne créaient pas un nouvel obstacle à la liberté du travail, si le *laissez-faire* profitait réellement à cette liberté, s'il ne pouvait pas devenir l'occasion d'une tyrannie renouvelée, d'une domination de quelques-uns sur le marché général.

De là à réclamer l'intervention de l'État, l'annulation des contrats passés entre quelques industriels pour cesser de se faire concurrence, la distance n'était pas longue. Elle a été vite franchie. En Amérique où, très rapidement, certaines industries s'étaient trouvées dominées par de gigantesques syndicats, on a réclamé des lois contre les trusts. Ces lois ont été faites et les trusts ont continué leur marche triomphante. En Allemagne, un mouvement d'opinion s'est manifesté contre les cartells, et les plus considérables d'entre eux ont été énergiquement et ouvertement défendus à plusieurs reprises par les représentants de l'autorité publique, comme une institution bienfaisante, éminemment favorable au développement et à la prospérité de l'industrie nationale.

En France, les ententes industrielles, généralement constituées sous forme de comptoirs de vente, ont soulevé également de vives protestations; mais le gouvernement n'a pris vis-à-vis d'eux ni l'attitude hostile des législatures américaines ni l'attitude sympathique des ministres allemands. On a brandi l'épouvantail de l'article 419 du Code pénal sur les accaparements commerciaux, on a prononcé quelques discours, et les comptoirs ont poursuivi leurs opérations comme par le passé.

Il y a donc là un phénomène général échappant, jusqu'ici du moins, aux atteintes de la loi, survivant à ses condamnations, profitant de l'appui de l'autorité publique quand celui-ci lui est donné, s'en passant quand il lui est refusé. Suivant les pays il revêt des formes diverses et produit des résultats différents; mais cependant les trusts américains, les cartells allemands et les comptoirs français remontent à une cause commune : le besoin généralement ressenti par les producteurs de sortir de leur isolement.

Et, d'autre part, le mouvement d'opinion, général aussi, quoique d'intensité et de direction très différents, qui s'est produit contre les syndicats indique qu'il doit y avoir quelque part des souffrances réelles, des intérêts lésés.

Pourquoi les producteurs éprouvent-ils le besoin de s'associer entre eux? Pourquoi certaines de leurs associations sont-elles attaquées? Tel est le double problème que je me propose d'examiner.

Il convient pour cela d'étudier séparément les trois pays où les syndicats industriels se sont le plus développés en affectant dans chacun d'eux une constitution caractéristique, les États-Unis avec leurs trusts, l'Allemagne avec ses cartells, la France avec ses comptoirs.

Une fois cette triple observation bien établie, il sera facile de dégager les causes communes et les effets communs qui, dominant les différences de détail dues à la situation économique et à la constitution sociale de chaque peuple, appartiennent réellement au phénomène des syndicats industriels. On pourra se rendre compte alors si les souffrances ressenties à l'occasion de ces syndicats sont bien leur fait ou le fait de circonstances extérieures, si les syndicats aboutissent fatalement à la tyrannie économique, si, au contraire, ils sont une légitime manifestation de la liberté du travail.

Toutefois, avant d'entreprendre l'étude que je viens de dire, il importe de déterminer avec exactitude les limites entre lesquelles elle est comprise.

Très souvent on confond la question de l'accaparement avec celle des syndicats industriels. Ces deux questions sont absolument distinctes. L'accaparement est un phénomène qui, par son essence même, est purement commercial et de courte durée. Il consiste à acheter tout le disponible d'une même marchandise sur un marché donné pour empêcher l'offre et surexciter artificiellement la demande, de manière à faire hausser les cours et à vendre sur ces cours élevés. Les personnes qui se livrent à ce genre d'opérations ne font subir aucune transformation aux marchandises qu'elles accaparent. En fait, elles ne les détiennent pas matériellement, elles ne les connaissent pas, elles ont simplement sur elles un droit de propriété momentané. Peu leur importe que ces marchandises soient réellement à leur disposition, sur mer, dans un entrepôt, dans un magasin ou une usine, à un endroit ou à un autre du globe; il leur suffit qu'elles aient une existence *marchande*, qu'elles puissent faire l'objet d'une spéculation, car ces personnes sont uniquement des marchands et des spéculateurs, non des producteurs. Tout autre est la situation du producteur qui s'assure une matière première, qui l'utilise non pas sur un point quelconque du monde, mais à son usine, à une époque déterminée, grevée des frais de transport qu'elle aura effectivement à supporter. Tout autre est encore la situation de ce producteur quand il veut raréfier sur le marché la marchandise qu'il fabrique. Il est obligé alors de recourir à un moyen extrême et très onéreux; il faut qu'il diminue sa fabrication, ce qui augmente la proportion de ses frais généraux, désorganise ses ateliers, et peut compromettre son avenir. On est donc certain qu'il ne recourra pas sans raison grave à ce cruel expédient. Il ne s'agit pas seulement pour lui, comme pour l'accapareur, d'une immobilisation momentanée de capitaux; la décision qu'il prend de réduire sa production est forcément prise pour un temps assez long. Dans la métallurgie, en particulier, cette décision entraîne souvent des conséquences telles que le plus brusque revirement économique ne permet pas de revenir avant plusieurs mois à la production ancienne. Un haut fourneau éteint est un haut fourneau à reconstruire; on réfléchit avant de le laisser éteindre.

Les syndicats de producteurs ne se prêtent donc pas aux opérations promptes et artificielles de l'accaparement. Précisément parce que le producteur se livre à une opération industrielle et non commerciale, parce qu'il prend effectivement livraison des matières premières, parce qu'il lui faut se débarrasser effectivement des marchandises fabriquées, il est toujours engagé pour une période longue. S'il arrive à dominer un marché, comme cela a lieu positivement aux États-Unis pour le pétrole et l'acier, en Westphalie pour les charbons, c'est par une monopolisation industrielle plus ou moins avancée, en s'associant sous une forme quelconque avec les autres producteurs qui peuvent lui faire concurrence. Mais alors, la combinaison est une combinaison de longue durée fondée sur une supériorité de fabrication, par exemple. Elle lie d'une

manière puissante et indissoluble les intérêts qui
y prennent part. On sait positivement que Rockefeller est le roi du pétrole ou Havemeyer le roi
du sucre, que tel financier berlinois a la haute
main sur les mines de zinc de Silésie. Au contraire, l'accaparement a forcément pour dernier
terme une retraite déguisée aussi prompte que
possible de l'accapareur et la ruine de ceux auxquels il a su passer ses titres au bon moment.
L'accapareur heureux met dans sa poche l'argent
du spéculateur malheureux. Le syndicat de producteurs qui réussit dans une certaine mesure à
créer un monopole s'assure simplement, à l'abri
de la concurrence qu'il a écartée, un profit industriel plus régulier. L'accaparement a pour effet
les changements brusques de cours et tend à
affoler le marché. Le monopole industriel tend
à la régularité des cours.

Au point de vue de la liberté commerciale, le
monopole industriel lui porte une atteinte plus
durable que l'accaparement. Là où il parvient à
s'établir, la concurrence est presque impossible,
et comme il est établi pour une période longue,
le dommage est notable. L'accaparement, au
contraire, ayant un caractère accidentel ne jette
sur le marché qu'une perturbation momentanée.

Enfin le monopole industriel, tel qu'il se trouve réalisé par certains syndicats de producteurs, est un phénomène essentiellement contemporain, aussi général aujourd'hui dans les grands pays industriels qu'il était inconnu auparavant. On avait vu le monopole d'État créé par la toute-puissance de l'autorité publique. On avait vu le monopole corporatif soutenu par des règlements compliqués. On n'avait pas rencontré et on considérait comme impossible un régime de monopole naissant spontanément là où la liberté du travail paraît garantie par les lois.

Les syndicats industriels de producteurs aboutissent-ils forcément au monopole? Et là où ils monopolisent véritablement, est-ce bien la conséquence de la liberté du travail? Nous ne le croyons pas. Il est exact de dire que le principe de la liberté du travail est inscrit dans les législations des pays où l'on observe les syndicats industriels; mais cela n'empêche pas que ces législations puissent contenir des dispositions peu conformes à ce principe. Et quelques-unes de ces dispositions n'expliquent-elles pas péremptoirement que certains syndicats formés de particuliers aient pu détenir à leur profit quelque parcelle de l'autorité publique, et exercer par conséquent le pouvoir abusif qu'on leur reproche?

Il importe de dégager ces éléments anormaux non seulement pour indiquer à ceux qui en souffrent de quelle manière ils peuvent les détruire, mais aussi pour venger les syndicats industriels normalement organisés des attaques injustes qu'ils ont à subir.

C'est aux États-Unis que la question des syndicats industriels de monopolisation est née. C'est là qu'elle est le plus aiguë, là que certaines industries se trouvent le plus complètement soumises à la domination d'un homme où d'un groupe. Et, d'autre part, c'est aussi aux États-Unis que le machinisme est le plus développé dans l'industrie, que les distances ont été le plus diminuées par la facilité et la rapidité des transports; là en un mot que l'évolution industrielle et commerciale est le plus avancée. Nulle part le problème ne se pose avec la même intensité; nulle part la liberté du travail n'est plus affirmée; nulle part elle n'est plus foulée aux pieds par les trusts; et l'Europe se demande avec anxiété si elle est destinée, elle aussi, à subir les mêmes oppressions à mesure que se poursuivra le développement du machinisme et des transports.

L'analyse des éléments qui concourent à la formation des trusts américains nous fournira la solution du problème et nous permettra de calmer ces craintes. Nous isolerons plus aisément, sur ce terrain où ils agissent avec tant de force, les éléments normaux et les éléments anormaux du syndicat industriel. Il nous sera d'autant plus facile ensuite de les distinguer en Europe, là où leur action est à la fois moins puissante et moins nette. Et l'exemple des États-Unis nous servira ainsi de guide pour conduire notre observation scientifique, de leçon pratique pour couper court aux abus possibles.

C'est pourquoi nous commençons l'étude générale des syndicats industriels de producteurs par l'étude spéciale des trusts américains.

# CHAPITRE II

## LES TRUSTS AMÉRICAINS

A vrai dire, les trusts américains ne sont pas
des syndicats de producteurs dans le sens strict
de l'expression. Un homme ou un groupe très
restreint est à la tête de chacun d'eux, les
domine souverainement, quelle que soit, d'ailleurs, la forme juridique que revète le trust. Il
n'y a pas dans le trust, alliance, fédération, de
plusieurs producteurs en vue de diminuer la concurrence qu'ils se font dans une même industrie.
Il y a absorption de cette industrie par un seul
producteur, par une seule société. Le trust du
pétrole, par exemple, n'est pas une entente entre
les différents raffineurs de pétrole ; c'est la puissante compagnie du *Standard Oil*, seule maîtresse
de toutes les raffineries importantes, dirigées par

Rockefeller. Le trust du sucre est de même la société monopolisatrice formée et conduite par les frères Havemeyer. Le trust de l'acier, le plus gigantesque qu'on connaisse, a réuni en une seule affaire les principales branches de la métallurgie américaine déjà soumises préalablement au régime du trust. J. Pierpont Morgan est le financier de cette énorme combinaison, dans laquelle les célèbres établissements de Carnegie, les mines de fer du Lac Supérieur, la flotte qui sert à en transporter les minerais, les industries du fer-blanc, des rails, du fil de fer, des tuyaux de fonte, et d'autres encore, sont venus se confondre; qui, depuis sa constitution, a déjà acquis une des premières compagnies de navigation de l'Angleterre; qui demain peut-être, tiendra dans ses mains les transports maritimes des États-Unis.

Cependant l'étude des trusts se rattache directement à celle des syndicats de producteurs, et cela par deux liens très précis.

Un lien historique, d'abord. Les trusts ne sont pas nés à l'état de trusts. Ils ont été précédés par des ententes industrielles, par des syndicats temporaires, *rings*, *pools*, *corners*, qui se distinguaient peu extérieurement des ententes européennes, surtout des cartells allemands, ou des syndicats de spéculation, mais qui en différaient profondément par leur nature essentielle. Ce n'étaient pas des ententes industrielles ordinaires; elles en revêtaient seulement l'apparence vis-à-vis de certains associés plus faibles ou moins clairvoyants. Ceux qui les provoquaient voyaient en elles un moyen d'acheminement vers la domination[1]. Ce n'étaient pas non plus de simples syndicats de spéculation — bien que ceux-ci soient au moins aussi fréquents en Amérique qu'en Europe, — car leurs créateurs avaient en vue un résultat lointain. Il ne s'agissait pas seulement de déterminer une baisse, puis une hausse artificielle, afin de profiter de la différence; on voulait, grâce à ces manœuvres, tuer des concurrents gênants et préparer les voies à un monopole durable. Domination et monopole, tel était le but. C'est ainsi qu'avant le trust du pétrole, une société dite *South improvement Company* s'était établie et commençait son œuvre. C'est ainsi que dans l'industrie de

---

1. L'étymologie de ces différents termes marque assez bien ce caractère : *Ring* signifie anneau, cercle, dans lequel on enferme ses concurrents; *Corner*, c'est le coin, l'impasse où on les accule; *Pool*, la mare où on les noie. L'idée de contrainte se dégage nettement de ces trois métaphores.

l'acier, d'innombrables *pools* se formèrent depuis 1875 environ; à partir de 1890, une personnalité se révèle comme de plus en plus dominatrice dans la création, la direction et la disparition de ces *pools*, celle de M. Carnegie. Au début, son influence s'exerce sur une spécialité, celle des rails d'acier, puis elle s'étend peu à peu à d'autres produits jusqu'à la combinaison Carnegie-Rockefeller, au début de 1897, qui marque une étape importante dans la marche vers le trust final[1]. D'autre part, les fabricants de fil de fer, de fer blanc, de clous[2], de tuyaux de fer, avaient formé, chacun dans leur spécialité, de multiples syndicats toujours éphémères, mais toujours renaissants. Ces syndicats ont abouti finalement aux quatre ou cinq trusts récemment absorbés par le grand trust métallurgique. A l'origine de tous les trusts existant actuellement, on trouve ainsi une série d'ententes préparatoires entre les producteurs. Le trust américain est donc le dernier terme connu de l'évolution des syndicats de producteurs, telle qu'elle a lieu dans

---

1. Voir, dans *les Industries monopolisées aux États-Unis*, l'histoire des principaux *pools* de l'acier, p. 168 à 183.

2. Voir également l'histoire du *Pool des Wire-nails*, p. 249 à 265.

le milieu spécial des États-Unis. Son étude s'impose donc à l'observateur.

Il existe un autre lien entre les trusts et les syndicats de producteurs. Les premiers constituent toujours des monopoles de fait, les seconds ont parfois ce caractère, et le public peu informé confond souvent dans le même opprobre les trusts les plus tyranniques et les syndicats les plus légitimes. Une étude attentive des trusts permet de dégager l'élément artificiel qui, les armant d'un pouvoir abusif, leur fournit le moyen d'imposer leur monopole. Et après avoir observé cet élément dans le trust américain, là où il exerce ses ravages de la manière la plus terrible, il sera plus facile de le reconnaître dans les quelques syndicats de producteurs européens où son action se manifeste avec moins d'intensité.

Je me suis livré à cette enquête aux États-Unis en 1896, et j'ai établi la monographie des trusts les plus importants alors en activité[1]. Depuis lors, de nouveaux trusts ont pris naissance, et un trust plus considérable encore, s'étendant à

______

1. Voir, dans *les Industries monopolisées aux États-Unis*, le trust du pétrole, les tentatives de monopolisation de l'anthracite, le trust du sucre, ceux de l'acier, du whiskey, du cordage, des clous, des cigarettes, du caoutchouc, des livres classiques, des pianos, etc.

presque toutes les branches de la métallurgie, menaçant non plus seulement pour l'Amérique mais pour l'Europe, est venu étonner le monde par l'ampleur de ses proportions et l'énormité de son capital social. Je voudrais rappeler ici les principaux points ressortant de ma première enquête avant d'étudier la nouvelle manifestation du phénomène du trust que la métallurgie américaine nous présente. L'avantage que j'y vois est le suivant : La comparaison des différents types analysés en 1896 fournit d'abord une définition du trust. Elle détermine ensuite les causes générales de concentration industrielle et commerciale, les circonstances exceptionnelles qui ont concouru à l'établissement des trusts. Elle précise enfin le caractère de l'élément artificiel qui les complète. Elle permet ainsi d'apprécier leurs effets avec connaissance de cause et d'indiquer où se trouve le remède à leurs abus. D'autre part, l'observation du trust de l'acier, tel qu'il vient de se créer en 1901, nous fera connaître un type nouveau et élargi de trust américain ; on verra comment ont évolué depuis cinq années les forces qui poussent l'industrie américaine dans ce sens. Ce sera à la fois un complément d'études et une vérification.

## I. — Définition du trust.

Le trust est avant tout un monopole. C'est là
son caractère le plus en vue. Il absorbe toute
une industrie, ou du moins toute la partie de
cette industrie nécessaire pour assurer sa domination sur l'ensemble. Par exemple, il est possible de trouver aux États-Unis quelques petits
raffineurs de pétrole indépendants, mais aucun
d'eux ne possède ses propres *pipe lines* (con-
duites en tuyaux de fer destinées au transport
du pétrole brut); aucun d'eux, par conséquent,
ne peut faire de concurrence sérieuse à la *Standard Oil Co.*[1]. Celle-ci n'a pas eu de cesse qu'elle
n'eût acquis les *pipe lines* mettant la Pensylvanie en communication avec la côte de l'Atlantique. Elle voulait le monopole de la vente aux
grandes villes éloignées des terrains pétrolifères;
elle voulait le monopole de l'exportation vers
l'Europe; elle l'a réalisé. De même pour la raffinerie de sucre, l'*American Sugar Refining Co.*
ne possède pas absolument toutes les raffineries
de sucre, mais seulement celles qui produisent

---

1. Voir, dans *les Industries monopolisées*, le rôle des *pipe
lines*, p. 385 et suiv.

le sucre livré à la consommation courante.
M. Havemeyer expliquait avec une certaine
complaisance, devant le Comité d'investigation
nommé en 1897 par l'État de New-York, qu'une
société tenant en mains 80 p. 100 d'une industrie peut faire avancer ou reculer à son gré la
production et les prix dans cette industrie. Et
comme un des membres du Comité, voulant
préciser l'affirmation, lui demandait si le fait de
posséder 80 p. 100 de la puissance productrice
de la raffinerie de sucre lui permettait en fait de
régler (*to control*) la production et les prix aux
États-Unis, M. Havemeyer répondit catégorique-
ment : « Oui, sans aucun doute » (*We undoub-
tedly do*)[1]. Ainsi, si le trust n'a pas toujours
besoin du monopole absolu, mathématique, il
lui faut du moins, ce qui est essentiel dans le
monopole, la domination.

Parfois, dans certaines industries, une région
peu importante est laissée de côté par les créateurs de trusts. La grande combinaison actuelle
de la métallurgie américaine, par exemple, ne
s'étend pas, pour le moment du moins, aux

---

1. Voir, dans l'ouvrage de M. Richard T. Ely : *Monopolies
and Trusts*, p. 16, les passages caractéristiques de la déposition de M. Havemeyer devant le *Lexow Committee*.

mines et usines des États du Sud, Alabama et Tennessee particulièrement, bien que les gisements de minerais de fer et de charbon y abondent. C'est que, dans l'état présent de l'industrie, cette région ne compte pas assez encore pour influer sur les prix ou modifier le chiffre de la production totale américaine d'une manière contraire aux desseins du trust. Celui-ci s'étant rendu compte qu'il lui suffisait d'être maître de la région Nord-Ouest (Pensylvanie, Illinois, Ohio) pour dominer la métallurgie américaine, il a borné son opération à cette région.

Au surplus, le fait du monopole des trusts est souvent reconnu par ceux mêmes qui les dirigent. Les témoignages recueillis par l'*Industrial Commission* sont instructifs à ce sujet[1]. On demande, par exemple, à M. Daniel G. Reid, président de l'*American Tin-Plate Company* (trust du fer-blanc) : « Quelle est à peu près la part de votre société dans la production du fer-blanc aux États-Unis? — Environ 90 p. 100. — Combien

1. L'*Industrial Commission*, créée par *act* du 18 juin 1898, a poursuivi une longue enquête sur les *Trusts and Industrial Combinations*. Elle a déposé son rapport sur cette question le 1er mars 1900. C'est un volume de près de 1500 pages, et il est accompagné d'un second volume contenant la législation américaine relative aux trusts.

existe-t-il d'entreprises en dehors de vous? —
Six, je crois. — Savez-vous combien elles possèdent d'usines? — Vingt-sept ou vingt-huit. —
Et vous, combien en avez-vous? — Trois cents[1] ».
M. Edson Bradley, président de l'*American Spi-
rits Manufacturing Co.* (trust du whiskey), estime
à 85 p. 100 la part du trust dans la production
totale du whiskey en Amérique[2]. M. Archbold,
vice-président de la *Standard Oil Co.* de New-
York, a mis sous les yeux de la Commission une
statistique de laquelle il résulte que pendant les
années 1894 à 1898 le trust a produit de 81,4 à
83,7 p. 100 du pétrole raffiné, soit une moyenne
de 82 3/10[es] pour cette période, avec progrès
constant en faveur du trust et diminution pro-
portionnelle de la raffinerie indépendante[3].
Quand on rapproche ces témoignages de celui de
M. Havemeyer pour le sucre et de son affirmation
que pour exercer la domination sur une industrie il suffit en pratique d'en détenir 80 p. 100,
on reste convaincu que les trusts américains sont
bien des monopoles, en ce sens qu'ils ont les
mêmes effets sur la production et sur les prix

---

1. *Report of the Industrial Commission*, p. 882.
2. *Ibid.*, p. 814.
3. *Ibid.*, p. 560.

que des monopoles stricts. Voilà un premier
caractère bien établi.

Un second caractère important des trusts, c'est
que leur monopole ne résulte pas d'une disposition légale. Et cela donne au phénomène une
gravité particulière. Ce ne sont pas des compagnies privilégiées, dont le privilège pourrait être
détruit, comme il aurait été créé, par un acte de
l'autorité publique. Ce sont des sociétés privées qui tuent la concurrence autour d'elles et
assoient leur domination par une série de victoires
successives sur leurs rivaux. Elles peuvent ainsi
se réclamer de la liberté du commerce, de l'évolution industrielle et commerciale. Nous verrons
qu'en réalité elles n'atteignent leur but que
grâce à certains privilèges abusifs, mais ces
privilèges sont dissimulés, tandis que les forces
économiques qui poussent l'industrie vers la concentration agissent au grand jour et favorisent,
elles aussi, la formation des trusts. C'est par
cette apparence normale que les trusts constituent un problème économique et social de première importance. Il s'agit de savoir si l'évolution moderne aboutit naturellement à la monopolisation industrielle comme à son terme obligé.
Les écoles socialistes le soutiennent et voient

dans ce *processus* la préparation au régime collectiviste; nous pensons, au contraire, que si la concentration est bien le fait nécessaire résultant de l'évolution, la monopolisation, elle, n'est jamais atteinte que grâce à un abus précis. Nous nous réservons de le démontrer plus loin. Pour le moment, ce qu'il importe d'établir, c'est que le monopole exercé par les trusts américains ne leur est pas donné par la loi, brutalement, strictement. Ils l'acquièrent par manœuvres successives.

Le fait ne mérite pas discussion en ce qui concerne le trust du pétrole, celui du sucre, le grand trust actuel de l'acier, et plusieurs autres des plus importants. Il peut, au contraire, être contesté là où un brevet d'invention permet à une société de fabriquer tel objet ou d'employer tel procédé à l'exclusion de tout concurrent. Là, il semble bien que le monopole soit créé directement par la loi. Et il y a, en effet, un monopole créé directement par elle, mais c'est celui de l'invention, non celui de l'industrie, ce qui est tout différent. Le monopole de l'invention, le brevet, vaut ce que vaut l'invention ; il peut être réduit à rien par une invention postérieure ; il ne vaut jamais que dans la limite du progrès réalisé et jusqu'à un progrès nouveau. En plus, il ne vaut que pour celui qui est en mesure de l'exploiter industriellement, d'où la hâte de l'inventeur à vendre son brevet à ceux qui peuvent en tirer parti. Les trusts qui ont avancé leur œuvre de monopolisation par le moyen des brevets les ont achetés aux inventeurs, s'en sont rendus maîtres, comme ils achetaient une usine rivale. Ils n'étaient pas eux-mêmes les inventeurs et ce n'est pas à eux que le privilège avait été accordé. Le fait du brevet n'explique pas qu'une seule compagnie ait pu acheter tous ceux qui avaient une valeur pour la fabrication des cigarettes; qu'une autre ait absorbé les usines de caoutchouc avec leurs brevets et leur marques de fabriques; qu'une troisième ait acquis les brevets de construction des machines à faire les clous, etc[1]. Il n'explique pas non plus le témoignage très net de M. John W. Gates, président de l'*American Steel and Wire Company of New Jersey* (trust du fil de fer), devant l'*Industrial Commission* : « Nous possédons en pratique tous les brevets relatifs au fil de fer épineux et à sa fabrication, qui existent aux États-Unis, et nous prétendons que

---

1. Voir, dans *les Industries monopolisées aux États-Unis*, le chapitre VIII : les *Trusts* et les brevets d'invention.

personne ne peut fabriquer de fil de fer épineux sans empiéter sur nos droits. Nous avons payé beaucoup de centaines de mille de dollars (*a great many hundred thousand dollars*) pour acquérir ces brevets, beaucoup d'autres centaines de mille pour les défendre en justice[1] ». Quelles circonstances poussait l'*American Steel and Wire Co.* à faire ces sacrifices, à tuer à tout prix les concurrences possibles? Quels avantages particuliers lui permettaient de le faire avec profit? Pourquoi voulait elle et pouvait elle monopoliser? On le voit, le problème reste entier. Même lorsque la propriété exclusive d'un brevet est accordée à une machine, à un procédé, cela ne suffit pas à expliquer la monopolisation de l'industrie, son absorption par le trust. Et voilà un second caractère essentiel du trust. Il ne résulte pas d'un privilège légal; il se produit sans intervention directe de la loi. C'est une monopolisation de fait, non un monopole de droit.

Autre trait essentiel : c'est la monopolisation d'une industrie. Aux États-Unis, où le mouvement contre les trusts a pris une allure politique, on confond sous le nom de trusts des phénomènes

---

1. *Report of the Industrial Commission*, p. 1009.

très divers; des confusions de ce genre se produisent inévitablement dans toute question politique. Il faut les éviter avec le plus grand soin dans une étude scientifique, écarter par conséquent les accaparements momentanés comme la célèbre et malheureuse spéculation de M. Joseph Leiter sur les blés, les phénomènes de concentration commerciale comme les grands magasins dé Wannamaker, Marshall Field, etc., et observer seulement les industries monopolisées par des particuliers. Elles seules constituent le problème caractéristique du trust. Elles seules peuvent nous apprendre si l'évolution moderne conduit normalement l'industrie au monopole.

Enfin, il faut que l'industrie dont il s'agit soit une industrie privée. Si on se trouve en présence d'une industrie dépendant d'un service public, chemins de fer, éclairage et chauffage au gaz, distribution d'eau dans une ville, le monopole se produira naturellement, s'il n'a pas été accordé légalement, parce que ces services publics ne peuvent pas s'établir sans intervention de l'État ou des municipalités, et que, par suite, ils sont leur monopole. Il est arrivé aux États-Unis que les États et les villes, méconnaissant cette vérité, ont voulu les abandonner à la libre concurrence au lieu de les concéder. Le résultat ne s'est pas fait attendre, et des particuliers se trouvent aujourd'hui souverainement maîtres de plusieurs de ces services au détriment du public. Ces particuliers ont conquis aisément un monopole de fait au lieu de l'acquérir moyennant des charges et la réserve d'un contrôle efficace. Il y a donc véritablement aux États-Unis des trusts de services publics[1], mais s'ils offrent une particularité intéressante à connaître, ils sont cependant très nettement en dehors du cadre de notre étude actuelle. Ce n'est pas l'évolution moderne qui conduit ces industries spéciales au monopole. C'est leur nature même qui en a de tout temps réservé la propriété exclusive aux pouvoirs publics.

Le trust américain est donc en résumé la monopolisation de fait d'une industrie privée. Telle est son essence.

Quant à sa forme, elle a été légèrement modifiée par l'effet de la législation, mais le changement qu'elle a subi n'a fait que fortifier encore au point de vue juridique l'unité de direction que comporte le monopole.

---

1. Voir, dans *les Industries monopolisées aux États-Unis*, le chapitre ix : *les Trusts et les services publics.*

Au début, par exemple lors de la première formation officielle du trust du pétrole, les différentes entreprises industrielles réunies en un seul trust conservaient une apparence juridique de personnalité. Le contrat qui lie en 1882 plusieurs compagnies pétrolières et plusieurs raffineurs individuels ne prononce pas le rachat définitif des usines que les uns et les autres possèdent. Il établit simplement que chaque partie au contrat recevra un nombre de certificats (*Trust certificates*) représentant la valeur convenue des propriétés qu'il confie au trust. Celui-ci venant à disparaître, chaque compagnie, chaque raffineur individuel peut donc reprendre ses apports, revenir à la vie en quelque sorte. Ce sont une série d'établissements industriels donnant au trust un mandat général très étendu d'administrer, fabriquer, acheter et vendre à leur compte commun. De là, d'ailleurs, le nom de trust donné à la convention, le nom de *trustees* (mandataires, fidéicommissaires) donné aux directeurs de l'entreprise [1].

La législation américaine, voulant atteindre

---

1. Voir, dans *les Industries monopolisées aux États-Unis*, l'analyse de l'acte constitutif du *Trust* du pétrole en 1882, p. 77 à 81.

les monopoles industriels qui se formaient en dépit des prescriptions de la *Common Law*, crut forger contre eux une arme terrible en s'attaquant à la forme même de leur organisation. Elle s'ingénia à définir cette forme, comme l'*Act* de la législature de l'Illinois de juin 1891, en énumérant les *pools, trusts, agreements combinations, confederations or understandings*, qu'elle confondait dans un commun anathème; ou bien elle supposait que le trust était une forme suffisamment définie, et s'en prenait à lui. (Loi fédérale de juillet 1890.) Parfois, elle déclarait explicitement illégale l'émission de *Trusts certificates*. Elle en vint à édicter tant d'interdictions que, si on l'avait prise au pied de la lettre, elle aurait empêché toute opération commerciale, résultat assez piquant pour une législation ayant pour but de défendre la liberté du commerce. Elle portait la marque des mesures générales prises *ab irato* en vue d'un cas particulier.

Le trust du pétrole, attaqué dans sa forme, se contenta de changer de forme. Le 21 mars 1892, la réunion générale des porteurs de certificats du *Standard Oil Trust* prononça la dissolution de l'entreprise. Mais on reforma une simple

société par actions, la *Standard Oil Co*, qui
engloba définitivement, en un seul tout, les
anciens membres du trust. Au lieu de plusieurs
propriétaires de raffineries confiant leurs affaires
à un trust, il n'y eut plus qu'une seule société
propriétaire des anciennes raffineries du trust.
La nouvelle organisation ne différait de l'ancienne que par un progrès dans le sens de la
concentration [1].

Même transformation pour le trust du sucre.
Constitué en 1887, il fut poursuivi par l'*Attorney
general* de New-York et, après avoir épuisé tous
les degrés de juridiction, dut s'incliner devant la
condamnation de la cour suprême des États-
Unis. Mais l'*American Sugar Refining Co.* s'éleva
sur ses ruines, et le public a très justement continué à lui appliquer la désignation de trust du
sucre [2].

Instruits par l'expérience, les trusts qui ont
pris naissance depuis dix ans ne connaissent
plus ni *Trustees*, ni *Trust certificates*. Ce sont,
au point de vue juridique, des sociétés industrielles ordinaires; mais, au point de vue éco-

_______________

1. Voir *les Industries monopolisées aux États-Unis*, p. 77
à 88.

2. *Ibid.*, p. 148 à 156.

nomique, ce sont bien des trusts, car ils monopolisent des industries privées. Leur développement se marque même par la mainmise d'un seul trust sur plusieurs industries connexes, comme nous le verrons à propos du récent trust de l'acier.

Ainsi, les efforts de la loi ont été impuissants contre les éléments qui poussaient certaines industries américaines au monopole. Il nous faut maintenant déterminer ces éléments. La comparaison des trusts les plus importants nous permettra de le faire, comme elle nous a permis de dégager les traits essentiels du trust.


## II. — La concentration industrielle
## et commerciale.


Le premier de ces éléments est normal, mais nouveau; tout au moins, il a acquis une puissance absolument inconnue auparavant; c'est le phénomène de la concentration industrielle et commerciale.

Il est dû au développement du machinisme qui a nécessité des agglomérations d'ouvriers autour de machines-outils et de pouvoirs moteurs de plus en plus considérables; c'est là proprement la concentration industrielle.

Il est dû au développement des transports, qui permet d'atteindre une clientèle non plus locale, mais nationale et le plus souvent internationale. Il établit la concurrence sur des zones très étendues, de telle sorte qu'un négociant supérieurement doué peut fonder sur un point choisi d'un territoire donné un établissement gigantesque qui prenne la place d'un grand nombre d'établissements plus petits disséminés sur ce territoire. C'est là proprement la concentration commerciale.

Mais elle réagit très fortement sur la concentration industrielle, parce que les usines, se trouvant beaucoup moins limitées qu'autrefois par les considérations de consommation locale, sont portées à accroître leur production le plus possible pour répartir leurs frais généraux sur le plus grand nombre possible de produits.

Ce double phénomène a transformé l'organisation industrielle de l'Europe; cependant son action a été plus marquée encore aux États-Unis.

Le machinisme, père de la concentration industrielle, s'est plus développé aux États-Unis qu'en Europe, parce que le machinisme est une économie de main-d'œuvre et que la main-d'œuvre est beaucoup plus chère aux États-Unis que nulle part en Europe[1].

Les transports rapides, pères de la concentration commerciale, se sont tout particulièrement développés aux États-Unis sous l'influence d'une série de causes : l'énormité du territoire qui les rendait plus avantageux et plus nécessaires ; la colonisation des terres éloignées de l'ouest dont ils étaient la condition préalable. En fait les chemins de fer y sont très nombreux, et la navigation sur les grands lacs a une extraordinaire activité.

Enfin, l'industrie étant de date récente, il a été plus facile de l'organiser de prime abord en harmonie avec les exigences actuelles que là où un outillage, un personnel, des usages préexistants nécessitaient une transformation.

Grâce à l'ensemble de ces circonstances con-

---

1. Le développement du machinisme américain est tellement connu que je ne crois pas nécessaire d'en indiquer les manifestations précises, J'ai eu, d'ailleurs, l'occasion de le faire soit dans *les Industries monopolisées aux États-Unis*, soit dans la *Vie américaine*. On trouvera des documents sur ce point dans le grand ouvrage de M. Levasseur sur l'*Ouvrier américain*, dans l'enquête officielle de 1898 intitulée *Hand and Machine Labor*, et aussi dans le *Rapport de la délégation des Syndicats ouvriers de Paris à l'Exposition de Chicago en 1893*.

cordantes, puissamment aidées par l'esprit d'initiative américain, la concentration industrielle
et commerciale est très accusée aux États-Unis.

Le phénomène du trust ne s'est pas produit
dans toutes les industries très concentrées, mais
toutes celles dans lesquelles il s'est produit
avaient été préalablement concentrées à un haut
degré. La concentration industrielle n'apparaît
pas comme une condition suffisante du trust,
mais elle en forme la condition nécessaire. Il est
facile de s'en rendre compte en passant en revue
les principales industries qui font aux États-Unis
l'objet d'un monopole.

Le pétrole est particulièrement intéressant à
ce point de vue. Les différentes opérations auxquelles il donne lieu ne s'exécutent pas sous le
même régime, et le monopole ne porte précisément que sur celles où la concentration s'impose.
Ainsi le forage des puits et l'extraction du pétrole
sont facilement menés à bien par de modestes
entrepreneurs. Il leur suffit de posséder un matériel peu compliqué et un capital faible. Dans les
environs de Pittsburgh on estime que le forage
d'un puits à pétrole coûte de 20 000 à 25 000
francs. La compagnie du *Standard Oil* en fait
établir un certain nombre à ses frais, mais très

souvent aussi elle les achète une fois en exploitation, ou bien elle en achète simplement la production. Bref, elle admet la concurrence pour le
forage et pour l'exploitation. Elle ne monopolise
ni les terrains pétrolifères, ni les puits[1]. Au contraire, dès qu'il s'agit de transporter le pétrole
brut dans les *pipe lines* et de le raffiner, son
monopole s'affirme avec la nécessité de la concentration.

Les *pipe lines*, qui conduisent le pétrole brut
de la Pensylvanie occidentale à l'Atlantique ou
de l'Ohio aux Grands-Lacs, sont des canalisations en fer, d'une longeur de 500 à 600 kilomètres. Tous les 80 kilomètres environ, une
*pumping station* est établie sur cette canalisation.
C'est un puissant système de pompes qui
aspirent et refoulent le pétrole de manière à en
accélérer la course. On estime généralement que
le transport par *pipe lines* réalise une économie
de 50 p. 100 sur le transport par chemins de fer.
C'est dire que la concurrence ne peut pas se
faire sans *pipe line*. D'autre part, la *pipe line*
coûte très cher à établir au point de vue tech-

---

1. Pour les détails, voir *les Industries monopolisées aux
États-Unis*, chapitre II, § I : les entreprises indépendantes
d'extraction.

nique, et soulève des difficultés sans nombre de la part des propriétaires des terrains qu'elle traverse. Ces difficultés se résolvent, elles aussi, avec de l'argent, en sorte que l'opération exige un capital considérable[1]. Il n'est pas besoin d'insister pour faire comprendre l'avantage qu'il y a à construire ces canalisations avec la plus grande capacité possible. Plus leur diamètre est grand[2], plus les *pumping stations* sont puissantes, plus le passage du pétrole est rapide, et moins le transport d'un hectolitre est coûteux. La concentration devient donc ici tout particulièrement avantageuse et c'est là aussi qu'apparaît d'abord la domination du *trust*, maître des grandes *pipe lines*.

Elle se continue par la raffinerie, opération compliquée, impossible en pratique sur de faibles quantités à cause de l'infinie variété de produits qu'elle isole et dont elle tire parti. L'huile d'éclairage, de luxe ou commune, forme environ 65 p. 100 du pétrole brut[3]. Les 35 p. 100 qui restent fournissent dix-sept qualités diverses

---

1. M. John D. Rockefeller dit, dans sa déposition du 30 décembre 1899 devant l'*Industrial Commission* : la construction des *pipe lines* nous a coûté environ 50 millions de dollars. (*Report*, p. 797.)

2. La Cie du *Standard Oil* emploie communément des tuyaux de 8 *inches* (204 millimètres) de diamètre.

3. Cette proportion est celle du pétrole de l'Ohio traité à

d'huiles lubrifiantes employées dans l'industrie pour le graissage des machines, des cires très pures, de la vaseline, etc. Enfin, les résidus de la raffinerie sont utilisés comme combustible. Chacun de ces sous-produits se trouve en très petite proportion dans un volume donné de pétrole brut; il faut de très nombreuses épurations successives pour les isoler; on serait donc amené à les négliger, à les laisser perdre, si on n'agissait pas sur de grandes masses de pétrole brut concentrées dans une seule usine. Celle de Whiting, que j'ai pu visiter, est un énorme établissement, couvrant 128 hectares de terrain et dans lequel on traite à la fois 2520 mètres cubes de pétrole. Un seul des *agitateurs* servant à lessiver l'huile a une contenance de 672 mètres cubes. Les réservoirs, les pompes, les chaudières, tout y est de dimensions gigantesques[1]. Et on se rend mieux compte encore des avantages de la concentration quand on pénètre dans les laboratoires, où des chimistes s'occupent sans relâche à vérifier le degré de pureté et de sécurité des

la raffinerie de Whiting, près de Chicago. Le pétrole de Pensylvanie contient parfois jusqu'à 90 p. 100 d'huile d'éclairage.

1. On trouvera, dans *les Industries monopolisées aux États-Unis*, une description détaillée de la raffinerie de Whiting, p. 55 à 65,

.uiles d'éclairage, où un échantillon de chaque sous-produit est analysé. En prélevant ces échantillons, après chaque opération, sur des milliers d'hectolitres, ou même des centaines de kilogrammes, quand il s'agit de cire ou de vaseline, on divise les frais de la vérification entre ces milliers d'hectolitres ou ces centaines de kilogrammes. Ainsi le travail de laboratoire ne grève pas outre mesure la fabrication industrielle. Avec de faibles quantités elle serait trop onéreuse. La concentration se trouve donc être une condition nécessaire de la raffinerie de pétrole, et le monopole du trust atteint la raffinerie comme il atteint les *pipe lines*.

Il en va de même pour la raffinerie de sucre, bien que les avantages d'une extrême concentration y paraissent moindres. M. Havemeyer ne considère pas la très grande capacité de production de ses établissements comme une supériorité décisive par rapport aux raffineries rivales de dimensions plus restreintes, et des raffineurs étrangers au trust partagent cette manière de voir[1]. Mais il faut remarquer que les raffineries rivales dont il est question produisent au

---

1. *Report of the Industrial Commission*, 1900, p. 109 et 151.

minimum 400 000 kilogrammes de sucre raffiné par jour, qu'elles coûtent environ dix millions de francs à construire, et qu'elles nécessitent un capital d'exploitation de dix autres millions [1]. La concentration industrielle s'impose donc à un degré marqué à toutes les entreprises de raffinerie de sucre. Et c'est sur la raffinerie que porte le trust du sucre.

Dans les industries métallurgiques américaines qui viennent d'être si énergiquement soumises au régime du trust, la concentration industrielle est très avancée. C'est aux États-Unis que l'on trouve des hauts fourneaux donnant 700 tonnes de fonte par jour comme ceux de Rankin [2]; des laminoirs monstres comme ceux de Carnegie à Homestead; des batteries de fours à coke se chiffrant par milliers de fours comme celles de Frick à Pittsburgh. L'énormité de ces établissements a été la préparation du monopole de fait qui existe aujourd'hui.

Mais elle ne suffirait pas à l'expliquer, pas plus pour la métallurgie que pour le sucre et le pétrole.

1. *Report of the Industrial Commission*, 1900, Témoignage de M. Post, p. 151 et 152.
2. Voir, dans le *Moniteur officiel du Commerce* du 20 juin 1901, le rapport de M. Bruwaert, consul général de France à New-York.

A côté de cet élément normal de la concentration résultant nécessairement d'une évolution que personne ne peut arrêter, l'étude des trusts révèle toujours la présence d'un autre élément, anormal celui-là, résultant par artifice et par accident d'un abus de l'autorité publique.

### III. — Les éléments anormaux du trust.

Les pouvoirs publics américains, qui ont tant et si vainement légiféré contre les trusts, ont contribué de deux manières à leur création, d'une manière directe par l'établissement d'un régime douanier protectionniste à outrance, d'une manière indirecte par leur absence de contrôle sur les chemins de fer.

En Amérique comme en Europe, beaucoup de personnes sont portées à considérer les tarifs de douane des États-Unis comme la cause unique des trusts : M. Havemeyer, qui avait plusieurs fois déjà exprimé cette opinion, l'a résumée avec une grande force au début de sa déposition devant l'*Industrial Commission*. « L'origine de tous les trusts, dit-il, est la législation douanière [1] ».

1. « *The mother of all Trusts is the Customs Tariff Bill.* » (*Report of the Industrial Commission*, p. 101.)

Nous savons déjà que les trusts exigent autre chose qu'un tarif de douanes pour se constituer ; mais il est vrai que le fait d'isoler un marché national des autres marchés du monde, de tuer par conséquent la concurrence étrangère, permet plus facilement la domination de ce marché national et la ruine de la concurrence, même intérieure. Le tarif fait une partie de la besogne que les créateurs de trusts se proposent d'accomplir. Le trust du sucre, celui de l'acier, celui du whiskey, une foule d'autres, ont été puissamment aidés par le protectionnisme américain [1].

Mais, d'autre part, le trust du pétrole, le plus ancien de tous, ne doit rien au protectionnisme. Il a été favorisé par une cause naturelle, beaucoup plus puissante qu'un tarif et ne dépendant en rien de la volonté humaine, la rareté des gisements pétrolifères et l'éloignement géographique des concurrents possibles. Il ne s'appuie sur aucun artifice pour écarter du marché américain le pétrole de Bakou, par exemple.

Au contraire, il est un de ceux qui ont le plus abusé de l'absence de contrôle des chemins de fer américains pour couper la route à leurs

1. Voir *les Industries monopolisées aux États-Unis*, p. 137 à 139, 170 à 171, 205, 240, etc,

rivaux des États-Unis. Soit pour la pose de ses *pipe lines*, soit pour le transport de l'huile raffinée par wagons-réservoirs, la compagnie du *Standard Oil* s'est assuré la complicité des compagnies de chemins de fer. Elle a acheté cette complicité et s'en est fait une arme terrible. Ses concurrents ont dû payer plus cher pour faire transporter leur huile soit par les canalisations, soit par la voie ferrée ; quelquefois, l'usage même de ces moyens de transports leur a été partiellement refusé. Aucune circonstance n'a autant contribué au triomphe du trust du pétrole.

Elle a concouru puissamment aussi à la fortune de beaucoup d'autres trusts. Aujourd'hui encore, ceux-ci profitent de *discriminations*, c'est-à-dire de tarifs de faveur qui leur sont personnellement accordés par certains chemins de fer en fraude de la loi. Il y a donc lieu d'expliquer d'abord comment il se fait que de semblables abus aient pu et puissent se produire aux États-Unis, et de préciser ensuite la nature et la portée de ces abus.

Leur cause originelle se trouve dans l'organisation américaine des chemins de fer. Au moment où ils furent créés, les États particuliers auxquels revenait, d'après la *Common Law*, le soin des grandes voies de communication, n'étaient aucunement en mesure ni d'établir une ligne ni de l'exploiter. Quelques timides essais furent tentés et abandonnés bien vite, en Pensylvanie par exemple, et les États laissèrent à l'initiative privée la charge et le profit de l'entreprise, déléguant seulement aux compagnies qui se formaient leur droit souverain d'emprise sur les terres à traverser par les lignes. Et comme l'opération était particulièrement hasardeuse aux États-Unis ; comme elle exigeait de gros capitaux et que les gros capitaux étaient rares alors là-bas, on ne marchanda pas aux compagnies le privilège qu'on leur délaissait ainsi. Elles l'obtinrent sans compensation, sans que l'État eût stipulé en sa faveur aucune clause de retour au bout d'un certain laps de temps, sans qu'il eût même réservé son contrôle d'une manière effective. Personne n'y songeait alors, et d'ailleurs les États n'étaient pas outillés pour exercer les droits qu'ils auraient pu inscrire à leur profit dans les chartes d'incorporation [1].

---

1. Sur l'organisation des chemins de fer américains à ce point de vue, voir *Railroad Transportation* de Arthur T. Hadley.

Il en résulta que plus tard, lorsque les chemins de fer furent établis et que de puissantes compagnies eurent pris naissance, on se trouva en présence de *présidents de chemins de fer* riches, complètement indépendants et détenant un service public. L'État chercha alors à reprendre ce qu'il avait abandonné ; il rappela que les chemins de fer ayant été substitués à lui État comme *common carrier*, comme transporteur public, ils se trouvaient soumis à certaines obligations, qu'ils devaient notamment ne pas faire acception de personnes dans l'application de leurs tarifs. Mais l'État avait affaire à plus puissant que lui et les principes élémentaires de la *Common law* anglaise, restée la constitution primordiale des États-Unis, étaient dépourvus dans le cas présent de toute sanction. Les États particuliers se trouvant impuissants en face de ce grave problème, l'État fédéral imagina un moyen de droit ingénieux pour le résoudre. Par suite du pacte fédéral, une de ses fonctions essentielles est de faire régner la liberté du commerce entre les différents États membres de l'Union. Les chemins de fer portaient atteinte à cette liberté en favorisant certains clients au détriment des autres ; l'*Interstate Commerce Act* du

4 février 1887 leur interdit, entre autres choses, toute *discrimination* pour les transports franchissant les limites d'un État. Ainsi se trouvaient réglés les plus nombreux et les plus importants des transports, et le résultat eût été considérable si l'État fédéral avait possédé le pouvoir nécessaire pour faire passer dans la pratique les décisions de *l'Interstate Commerce Commission*, chargée de veiller à l'exécution de la loi. Mais là encore la lutte restait inégale. Les compagnies de chemins de fer, ayant une charte de chacun des États traversés par leurs lignes, ne dépendent pas du gouvernement de Washington. Les faits illégaux qui peuvent être relevés par la Commission demeurent impunis, et les *discriminations*, plus dissimulées qu'autrefois, n'ont pas disparu[1].

L'*Industrial Commission*, qui a tenu ses assises plus de onze ans après l'adoption de la loi d'*Interstate Commerce*[2], a recueilli de très nombreux témoignages affirmant la persistance des *discriminations*[3]. Beaucoup ont été contredits avec indignation par les membres des trusts les plus

---

1. Voir W. Jenks, *The Trust Problem*, p. 50.
2. Le titre officiel de la loi est : *An Act to regulate commerce.*
3. On peut en juger par ce fait que les *Railway discriminations* tiennent plus de trois pages dans la table analytique des matières spéciales au seul trust du pétrole.

accusés, d'autres n'ont pas fait l'objet de contestations, sans qu'on puisse affirmer cependant leur parfaite authenticité.

Mais ce qui a été reconnu par tout le monde, c'est la pratique générale des *discriminations* avant l'*Interstate Commerce Act*. « Il y avait bien un tarif officiel, dit M. Archbold, de la *Standard Oil Co.*, mais chacun savait qu'il était facile d'obtenir un contrat spécial, et en pratique, le tarif officiel n'était pas suivi[1] ». « Chaque expéditeur traitait aux meilleures conditions qu'il pouvait » (*made the best bargain he could*)[2], dit encore M. Rockefeller, laissant entendre que si, personnellement, il a réussi à en avoir de très bonnes, c'est là un fait de concurrence normale.

Il est facile de comprendre combien ce régime était favorable aux expéditeurs puissants, bien en situation de négocier avec l'état-major des compagnies ; comment, au contraire, il pouvait tuer dans l'œuf la concurrence d'un petit producteur de pétrole brut, d'un raffineur modeste, d'un métallurgiste à ses débuts. Et, de l'aveu même de ceux qui en ont bénéficié, ce régime a duré jusqu'en 1887. On peut mesurer par là l'influence

1. *Report of the Industrial Commission*, p. 517.
2. *Ibid.*, p. 795.

qu'il a eue sur la création des premiers trusts, de celui du pétrole en particulier. Grâce à lui, le pétrole de la *Standard Oil Co.* circulait sur le *Pensylvania Railroad* à prix réduits. M. Archbold affirme que la clientèle en profitait[1], parce que le trust la faisait bénéficier de la réduction, mais cette justification est la preuve éclatante de l'avantage assuré au trust. C'est précisément, en effet, en vendant moins cher qu'eux qu'il pouvait ruiner ses concurrents, et les ruiner avec les apparences de la lutte la plus loyale.

Les compagnies de chemins de fer ne se sont pas bornées à accorder à certaines grandes entreprises des conditions privilégiées pour leurs transports. Elles ont été parfois les complices des trusts dans leur œuvre de monopolisation. Par exemple, le *Pensylvania Railroad* passe pour avoir aidé puissamment le trust du pétrole, soit en mettant opposition au passage des *pipe lines* indépendantes qui avaient à traverser ses voies, soit en retardant, soit même en refusant de transporter les barils d'huile des compagnies concurrentes[2]. Cette attitude serait inexplicable si les directeurs de chemins de fer n'avaient jamais

1. *Report of the Industrial Commission*, p. 526.
2. Voir *les Industries monopolisées aux États-Unis*, p. 413 et suiv.

considéré que l'intérêt de leur société. Elle n'est, au contraire, que trop facile à comprendre si on tient compte de l'intérêt personnel très précis qu'ils pouvaient avoir à agir ainsi. Souvent, en effet, les trusts achetaient leur bienveillance en leur remettant un nombre plus ou moins considérable d'actions libérées ; ils devenaient ainsi membres du trust, plus portés par suite à le favoriser, même au détriment des actionnaires de leur chemin de fer. C'est ainsi que beaucoup de trusts ont pu arriver à couper la route à leurs rivaux. C'est là l'élément anormal qui leur a permis de tuer la concurrence intérieure, comme les tarifs de douane leur ont permis de tuer la concurrence extérieure.

Même en dehors de ces faits non déguisés de corruption et de lutte déloyale, le lien qui unit les chemins de fer et les trusts est encore assez fort pour que ceux-ci soient effectivement favorisés par eux. Dans son ouvrage, *The Trust Problem*, M. J. W. Jenks, professeur de Cornell University, mettant à profit ses études prolongées sur les trusts et sa participation active aux travaux de l'*Industrial Commission*, analyse avec beaucoup de finesse les motifs de cette faveur. « Dans bien des cas, dit-il, les très grands expéditeurs peuvent non seulement diminuer le travail des chemins de fer, mais aussi assurer davantage leurs profits, la fermeté de leur trafic, le recouvrement de leurs frais de transport. De plus, ils rendent souvent aux compagnies de véritables services en adaptant leurs expéditions aux conditions du trafic, en donnant à ce trafic, lorsqu'il y a entente plus ou moins formelle entre différentes lignes, une allure plus unie (*act as eveners of traffic*). Beaucoup de ces services, dont quelques-uns sont parfaitement légaux et honnêtes par leur nature, semblent justifier une sorte de paiement; c'est sur cette base que les chemins de fer cherchent à défendre leurs *discriminations* au point de vue moral comme au point de vue pratique (*from an ethical as well as from a business standpoint*). Une pareille justification pourrait bien être admise d'une manière complète dans beaucoup d'espèces si on se bornait à prendre en considération les dividendes des chemins de fer; mais si le bien public se trouve menacé par le monopole créé ainsi, si la capacité et l'effort individuels, même bien dirigés, sont ainsi secrètement stérilisés, il ne peut guère y avoir de justification de ce procédé au point de vue social[1] ».

1. Voir W. Jenks, *The Trust Problem*, p. 52.

Le raisonnement de M. Jenks est parfaitement juste, mais la société est désarmée aux États-Unis vis-à-vis des chemins de fer, par suite de l'absence du contrôle. Et c'est pourquoi, en dépit de l'*Interstate Commerce Act*, les *discriminations* sont encore pratiquées aujourd'hui au profit des grandes entreprises, au détriment des petites. C'est pourquoi les trusts sont encore pour leurs concurrents des coupeurs de routes.

La persistance de cet élément artificiel de succès, la persistance et l'exagération parfois croissante des tarifs de douanes américains assurent encore aujourd'hui le monopole réalisé par les trusts, monopole qu'aucun degré de concentration industrielle et commerciale, aucune domination capitaliste, n'est jamais parvenue jusqu'ici à réaliser seule[1].

L'étude du trust actuel de l'acier, depuis ses origines jusqu'à la combinaison formidable à laquelle il vient de donner lieu, nous permettra de nous en rendre compte sur l'exemple le mieux

---

1. Je ne puis m'empêcher de signaler ici la parfaite correspondance de cette assertion avec les conclusions de plusieurs économistes américains. Voir en particulier Richard T. Ely dans *Monopolies and Trusts*, p. 174; F. H. Giddings, *The Persistence of Competition* dans *The modern Distributive Process*, etc.

choisi. Jamais, en effet, pareille concentration d'usines et de capitaux n'a encore été réalisée; jamais les avantages de la production par grandes masses n'ont eu meilleure occasion de se manifester; et pourtant ces avantages n'ont pas suffi. En fait, l'œuvre du trust a été aidée par les droits de douane et par la complicité des chemins de fer. Pas plus que celui du pétrole ou que celui du sucre, le trust de l'acier ne peut se réclamer d'une origine normale.

## IV. — Le trust de l'acier.

Le trust de l'acier (*United States Steel Corporation*) s'est formé de la fusion d'une série de sociétés industrielles dont plusieurs avaient déjà le caractère de trusts, qui monopolisaient une branche de la métallurgie, par exemple la fabrication des fils de fer, celle du fer-blanc, celle des tôles, etc. C'est une réunion de trusts, et avant de l'observer dans son état actuel, il importe de savoir ce qu'était chacune des sociétés qu'il a absorbées, comment, en particulier, plusieurs étaient parvenues à exercer un monopole de fait.

Sept entreprises différentes se sont coalisées

au mois de mars 1901 pour fonder cette gigantesque association, et elles s'étaient assuré d'avance l'acquisition d'une huitième entreprise, non des moindres, la célèbre Compagnie Carnegie. C'étaient la *Federal Steel Company*, la *National Steel Company*, la *National Tube Company*, l'*American Steel and Wire Company*, l'*American Tin-Plate Company*, l'*American Steel Hoop Company*, l'*American Sheet Steel Company*.

La *Federal Steel Company* était une organisation des plus curieuses, assez différente d'un trust ordinaire, mais répondant très bien à ce nom de *Combination* dont on use fréquemment aux États-Unis. Elle avait la puissance financière, car son capital montait à un milliard de francs (deux cent millions de dollars). Elle constituait un organe de concentration énergique, car elle avait mis la main sur quatre sociétés importantes. Mais elle ne monopolisait aucune branche de l'industrie métallurgique. D'après le témoignage de son président, M. Elbert H. Gary, devant l'*Industrial Commission*, elle fabriquait seulement 33 p. 100 des rails d'acier produits aux États-Unis[1]. Ses 9 000 hectares de conces-

---

1. *Report of the Industrial Commission*, p. 985.

sions houillères, ses 2 400 fours à coke, ses 21 hauts fourneaux, ses 10 fours Martin, lui donnaient une situation de premier rang parmi les producteurs de charbon, de houille, de fonte, d'acier, mais nullement une situation dominatrice.

Au point de vue de son organisation, elle différait beaucoup aussi des trusts anciens. Elle n'avait pas fusionné en une seule société les quatre grandes sociétés réunies sous sa direction, à l'imitation de la *Standard Oil Company*, de l'*American Sugar refining Company*, et de la plupart des autres. Elle n'avait pas non plus adopté la forme ancienne du trust, explicitement prohibée par la législation, car sa création remonte seulement à 1898, plus de dix années après les *Anti Trust Laws*. La combinaison à laquelle elle avait recouru est intéressante et mérite d'être examinée. Voici comment son président, M. Gary, l'exposait devant les enquêteurs de l'*Industrial Commission* : « La *Federal Steel Company* est propriétaire de tout le capital-actions (*Capital stock*) de la *Minnesota Iron Company*, de l'*Illinois Steel Company*[1], de la *Lo-*

______

1. *Report of the Industrial Commission*, p. 982.

*rain Steel Company*, et de la *Elgin, Joliet and Eastern Railroad Company*. » Mais chaque compagnie conserve sa direction autonome et séparée. Si l'une d'elles vend à l'autre des minerais, du coke, de la fonte brute, ce qui a lieu en réalité, cette vente fait l'objet d'un marché ordinaire entre elles, le vendeur vendant le plus cher qu'il peut, l'acheteur achetant le moins cher qu'il peut. Elles traitent ensemble, mais en conservant leur distance (*they deal with each other at arm's length*) [1]. De plus, elles ne sont pas tenues de se fournir l'une chez l'autre exclusivement et totalement. Par exemple, « l'*Illinois Steel Company*, qui fabrique de l'acier, achète plus de minerai au dehors qu'à la *Minnesota Iron Company*, propriétaire de gisements de fer, pour cette raison que la *Minnesota Iron Co.* extrait un minerai très riche, le meilleur qu'il y ait pour le procédé Bessemer, et que l'*Illinois Steel Co.* peut encore produire de bon métal Bessemer en mélangeant une partie de ces minerais avec d'autres minerais de moindre valeur [2] ».

Ainsi chacune des compagnies conserve son existence, fixe et distribue ses dividendes, agit en

1. *Report of the Industrial Commission*, p. 985.
2. *Ibid.*, p. 984.

toutes choses comme par le passé. Seulement,
au lieu que chacune d'elles ait affaire à une série
d'actionnaires, toutes les quatre n'ont plus qu'un
seul actionnaire, un syndicat qui a acheté toutes
les actions et qui se nomme la *Federal Steel
Company*.

Pourquoi cette forme nouvelle? probablement
parce qu'on ne recherche plus l'avantage de la
concentration industrielle, mais seulement celui
de la concentration commerciale. Il n'y a pas
lieu d'augmenter la capacité des aciéries, l'étendue des exploitations minières, le nombre des
fours à coke, des hauts fournaux ou des trains
de laminoirs. On est arrivé, pour le moment du
moins, au degré de concentration désirable; cela
a été accompli préalablement par la victoire des
grandes entreprises comme l'*Illinois Steel Co.* et
les autres. Il s'agit seulement d'établir un lien
entre ces compagnies victorieuses pour qu'elles
s'entr'aident, qu'elles vivent en bon accord,
qu'elles soient disposées à se faire de mutuelles
concessions. Et le meilleur moyen d'assurer ce
résultat, c'est qu'elles appartiennent à une même
société financière. « C'est l'intérêt de la *Federal
Steel Company* de posséder les actions de ces
quatre entreprises comme ce serait notre intérêt,

si vous aviez un chariot et moi un cheval, de nous associer pour avoir tous les deux ensemble un chariot et un cheval, » disait M. Gary à un des membres de l'*Industrial Commission*. La comparaison est exacte. Ces entreprises ne se faisaient pas précisément concurrence. Elles étaient différentes, seulement elles étaient complémentaires comme le chariot et le cheval. Non seulement l'une produisait beaucoup de minerais, l'autre beaucoup de houille et de coke, les autres beaucoup de fonte brute ou d'acier, mais elles possédaient des chemins de fer, des bateaux, précieux moyens de transport propres à favoriser chacune d'elles et à évincer leurs concurrents. Sans transformation industrielle, sans changement dans la direction technique, les quatre sociétés pouvaient, par leur entente commune, se rendre de grands services.

C'est ce qui avait lieu, comme on pense. M. Gary, président de la *Federal Steel Company*, se défend avec beaucoup d'habileté d'avoir formé un *trust*, un *pool*, ou rien qui y ressemble. Nous ne nuisons aucunement à la liberté de la concurrence, dit-il en substance, chaque société est maîtresse de ses mouvements. Notre seul pouvoir à nous actionnaires, c'est le droit de changer

en fin d'année la direction que nous jugerions
avoir mal géré nos intérêts. Sans doute, nous
pouvons dire, à titre d'indication : « Peut-être
feriez-vous mieux d'agir ainsi » (*Perhaps you had
better to do so and so*), et cela amène naturellement chaque société à traiter l'autre avec faveur,
mais il n'y a entre elles aucune entente formelle
ou tacite[1]. Et ailleurs, revenant sur la même
idée, M. Gary dit : « Supposez que les directeurs
du chemin de fer *New-York-Central* (l'une des
cinq lignes Vanderbilt) conduisent l'affaire de
manière à mécontenter la famille Vanderbilt,
quel serait le résultat ? A la fin de l'année la
famille Vanderbilt choisirait un autre personnel
de direction, mais, en attendant, elle n'aurait
aucun moyen d'action (*but in the meantime they
would be helpless*). » Telle est la situation de la
*Federal Steel Company* vis-à-vis des sociétés dont
elle possède les titres.

Voilà donc une organisation nouvelle dans sa
forme et dans son fond, simple syndicat financier
possédant des entreprises différentes, mais connexes et complémentaires. Elle rejette du trust
tout ce qui lui est inutile, la concentration

---

1. *Report of the Industrial Commission*, p. 985.

industrielle déjà réalisée au degré possible, et la fusion complète des sociétés qui n'aiderait en rien son œuvre. Quant au reste, si elle n'a pas encore pu arriver au monopole elle y vise, et déjà elle en jette les bases. C'est la banque de J. P. Morgan, agissant au nom d'un syndicat, comme elle le mentionne expressément, qui a été chargée par la compagnie naissante du *Federal Steel* d'acquérir pour elle au moins les deux tiers des actions des entreprises qu'elle veut tenir[1]. C'est cette même banque J. P. Morgan qui accomplira la réunion de la métallurgie américaine dans le grand trust final. Pour le moment, elle groupe dans la *Federal Steel Co.* de très importants éléments de monopole, et elle se rend maîtresse d'un instrument précieux, car plusieurs des sociétés dont elle achète les actions possèdent des chemins de fer qui assureront l'indépendance des transports et permettront de couper la route aux concurrents. La *Minnesota Iron Company* apporte en effet le *Duluth and Iron Range Railroad* qui met en communication ses propriétés minières avec Duluth et Deux-

---

1. Voir dans le *Report of the Industrial Commission*, p. 987 et suiv., le contrat passé à ce sujet entre la *Federal Steel Co.* et la *Banque Morgan.*

Ports sur le Lac Supérieur. A Deux-Ports d'immenses docks aménagés spécialement pour la manutention des minerais lui appartiennent aussi, et elle a acquis la *Minnesota Steamship Company* dont les 22 navires circulent sur les lacs. La compagnie *Lorain* apporte, elle aussi, un chemin de fer. L'*Illinois Steel Company* apporte le *Chicago, Lake Shore and Eastern Railway*. Enfin la compagnie *Elgin, Joliet and Eastern Railroad* est elle-même une compagnie de chemins de fer et forme la grande ceinture (*Outer Belt*) de Chicago, à environ 30 milles (48 kilomètres) du centre de la ville[1]. Bien entendu, ces chemins de fer ne sont pas quelconques; ce sont ceux qui desservent les usines des différentes sociétés. Il sera par conséquent très difficile d'étrangler jamais la *Federal Steel Company*; elle est pourvue de moyens de transport indépendants qui la mettent à l'abri de certaines manœuvres; d'autre part, elle peut gêner considérablement le trafic d'une compagnie concurrente en lui refusant l'usage de ses chemins de fer. Il faudra donc compter avec elle. Ce n'est pas un vrai trust, un monopole, mais

---

1. *Report of the Industrial Commission*, p. 982. Déposition de M. Gary, président de la *Federal Steel Co.*

il sera impossible de monopoliser sans elle les industries métallurgiques. Aussi voyons-nous les fondateurs du grand trust final former préalablement, près de trois ans auparavant, la *Federal Steel Company*.

La *National Steel Company* était également une société de création récente. Elle avait pris naissance en février 1899 et s'était constituée au capital de 59 millions de dollars, près de 300 millions de francs. Elle possédait des mines importantes dans la région du Lac Supérieur, extrayait environ 2 millions de tonnes de minerai de fer annuellement, en mettait en œuvre dans ses 17 hauts fourneaux 3 millions de tonnes, et produisait 1 800 000 tonnes d'acier Bessemer[1] dans ses sept aciéries. Au moment de sa fondation, elle avait sur les lacs déjà neuf navires d'une capacité annuelle d'un million de tonnes de minerai; il est à croire que ce nombre avait été augmenté et que la compagnie

---

1. En octobre 1899, M. Reis, président de la *National Steel Company*, accusait seulement 1 400 000 tonnes de minerai, 15 hauts fourneaux et 6 aciéries, mais déjà la production d'acier était la même (5 000 tonnes par jour). J'ai cru devoir modifier les chiffres fournis par lui à l'*Industrial Commission*, en tenant compte d'indications plus récentes et, d'ailleurs, tout à fait vraisemblables. Voir *Report of the Industrial Commission*, p. 944.

s'était outillée depuis lors pour transporter elle-
même tout le minerai que lui fournissaient ses
mines.

Bien entendu, la *National Steel Company* se
défendait de toute idée monopolisatrice. A deux
reprises, son président, M. Reis, affirme devant
l'*Industrial Commission* qu'elle produit seulement 18 p. 100 de l'acier Bessemer des États-
Unis [1]. Mais il ne dit pas, ou du moins il ne dit
pas au même moment, que la plupart des concurrents qu'il nomme [2] ne vendent pas l'acier
dans le même état que la *National Steel Company*.
Par exemple, la *Federal* et la compagnie Carnegie le vendent surtout à l'état de rails; elle,
au contraire, le vend à l'état de billettes, de barres,
de plaques, en somme, de produits demi-ouvrés [3].
La preuve c'est qu'elle n'est pas en rapports
directs avec le consommateur — « *we do not go to
the consumer with any of our products at all* », dit
M. Reis, — mais avec des usines métallurgiques.
Curieuse rencontre : il existe précisément en Allemagne des syndicats pour les billettes et l'acier

---

1. *Report of the Industrial Commission,* p. 947 et 951.

2. *Ibid.,* p. 951.

3. « *Our products are steel billets and slabs, 4 inch and larger
billets, small billets, sheet and tin-plate slabs or bars, as we
call them.* ». (*Report of the Industrial Commission,* p. 944.)

demi-ouvré (*Halbzeug*), en France un Comptoir des lingots, blooms, billettes, brames, largets et chutes, connu sous le nom de Comptoir des aciers Thomas. Nous avons donc affaire à une spécialité bien caractérisée, à une spécialité qui donne lieu à des combinaisons en Amérique, en Allemagne et en France. La *National Steel Company* est un trust des billettes.

Et, comme elle n'a pour clients que des usines, comme ces usines sont déjà concentrées dans un petit nombre de mains, elle est déjà dépendante, tout au moins alliée de plusieurs autres grandes entreprises métallurgiques. A elle seule, l'*American Tin-Plate Company* lui enlève un quart ou un cinquième de sa production totale; aussi les relations les plus amicales (*friendly*) règnent-elles entre les deux compagnies. « Pouvez-vous nous dire, demande M. Jenks à M. Reis, président de la *National Steel*, combien d'administrateurs de votre compagnie sont également administrateurs dans la *Tin-Plate Company*? — Vraiment, je n'en sais rien. — Plusieurs, vous pensez? — Un bon nombre (*Quite a number of them*); ils sont entremêlés (*interwoven*) les uns avec les autres [1]. » L'administration des

1. *Report of the Industrial Commission*, p. 947 et 948.

deux compagnies forme un écheveau difficile à débrouiller. Le trésorier de l'une est trésorier de l'autre, et il est encore trésorier de l'*American Steel Hoop Company*. « Les membres du Comité exécutif, au nombre de sept, sont tous gros actionnaires (*large stockholders*) dans les différentes compagnies » qui forment la clientèle principale du trust, et M. Reis dit, explicitement, que les choses ont été arrangées ainsi pour que la *National Steel Company* fût assurée de l'écoulement de ses produits : « *That is the object we have, to get a market for our material*[1]. »

C'est bien le monopole qui se prépare et il est déjà en partie réalisé. Mais la nature du produit demi-ouvré le tient dans une dépendance forcée des établissements métallurgiques formant sa clientèle. Le trust des billettes a besoin d'appuis extérieurs. Il les trouve au début dans le groupement de trusts de détail réalisé par le juge William H. Moore, de Chicago ; il va les trouver mieux encore dans le grand trust, dont il formera un des éléments.

Voici maintenant un trust tout constitué, et

1. *Report of the Industrial Commission*, p. 947 et 948.

fortement constitué. Lui aussi a une partie de sa clientèle dans la grande métallurgie, mais il est également en rapports directs avec le consommateur. C'est la *National Tube Company*.

La *National Tube Company* est un trust de la tuyauterie de fonte, de fer et d'acier. Elle fait principalement des tuyaux de chaudières pour les constructeurs de machines, mais aussi des tuyaux métalliques de toutes sortes en fonte, en fer et en acier. Elle a été organisée en mai 1899, au capital de 80 millions de dollars (400 millions de francs), sous la direction experte de M. John Pierpont Morgan. Ses deux concurrents importants sont la compagnie *Crane* à Chicago, et la compagnie *Reading Iron* à Reading[1], mais sa part dans la production totale est prépondérante. Elle a, en plus, sur ses rivales, le gros avantage de fabriquer elle-même sa matière première; elle est propriétaire de mines, houillères, cokeries et hauts fourneaux. Elle livre annuellement un million et demi de tonnes. Pour arriver au trust géant dont nous analysons les éléments, il fallait avoir avec soi ce trust qui dominait le marché d'une importante spécialité.

1. D'après la revue allemande *Stahl und Eisen* du 15 mars 1901, p. 313.

L'*American Steel and Wire Company* est le trust du fil de fer, et son monopole s'exerce d'une manière plus complète sur le fil de fer que celui de la *National Steel Company* sur les billettes, ou de la *National Tube Company* sur les tuyaux de fer. C'est que les brevets d'invention ont joué ici leur rôle dans la monopolisation. Nous avons déjà vu plus haut que M. Gates, président de l'*American Steel and Wire Company*, se considère comme ayant seul droit à fabriquer aux États-Unis le fil de fer épineux (*barbed wire*), dont il est fait un si fréquent usage pour la clôture rurale dans l'ouest. Sa compagnie a beaucoup dépensé pour acquérir tous les brevets concernant cette fabrication et pour se défendre contre les contrefaçons. Elle a été formée en janvier 1899, au capital de 90 millions de dollars (450 millions de francs), par M. Morgan, comme la *Federal Steel Company* et la *National Tube Company*. A elles trois, elles constituaient ce qu'on appelait le groupe Morgan. Ses propriétés sont considérables et son activité étendue, car elle produit directement plus de la moitié de l'acier nécessaire à sa fabrication de fil de fer. « Nous possédons des gisements de fer et nous les exploitons, dit

M. Gates; nous possédons des houillères et nous extrayons notre charbon; nous faisons notre coke. Nous avons 7 ou 8 hauts fourneaux en activité, 3 aciéries Bessemer; nous avons construit ou nous construisons 17 fours Martin (*openhearth furnaces*), 22 ou 25 laminoirs et 20 ou 30 tréfileries. Nos produits finis comprennent le fil de fer simple, de toutes formes et espèces, en usage en Amérique, le fil de fer épineux, les clous et tous les dérivés du fil de fer (*every kindred article in the wire line*[1] ». L'*American Steel and Wire Company* élabore environ un million et demi de tonnes de marchandises annuellement, et cela donne une forte proportion de la fabrication totale américaine du fil de fer, de 65 à 90 p. 100 des clous, 80 p. 100 de la machine (*rod*), matière première du fil de fer, d'après le témoignage de M. Gates lui-même[2]. Pour le fil de fer épineux, le monopole est à peu près complet; de même pour le fil de fer de clôture tressé à plusieurs fils (*woven wire fencing*); la compagnie en faisait déjà 25 000 milles (40 000 kilomètres) en 1898[3], et c'est là sa plus grosse source de profits.

---

1. *Report of the Industrial Commission*, p. 1005.
2. *Ibid.*, p. 1005.
3. *Ibid.*, p. 1010.

Le nom de trust du fil de fer s'applique donc justement à l'*American Steel and Wire Company*. Elle domine ou monopolise toute cette branche de la métallurgie. Et les éléments anormaux que nous avons toujours découverts dans les vrais trusts ne font pas défaut ici.

En ce qui concerne les moyens de communication, d'abord, le trust s'est assuré le transport par eau sur les lacs. Il n'a pas de flotte, mais les meilleures relations ont toujours existé entre lui et l'*American Steamship Company*, qui est outillée pour convoyer tout le minerai dont il a besoin. M. Gâtes est président des deux compagnies et les deux tiers environ de leurs actions sont entre les mains des mêmes personnes[1]. Toutefois, cela ne sort pas du cadre des précautions utiles et permises, une compagnie de navigation pouvant conserver son caractère absolument privé. Il est à remarquer seulement que la possession de moyens de transports indépendants est une des nécessités imposées par la concurrence aux sociétés métallurgiques et minières, qui ont leurs mines au nord des lacs et leurs usines sur une autre rive. Rela-

---

1. *Report of the Industrial Commission*, p. 1007.

tivement aux chemins de fer, M. Gates affirme devant les membres de l'*Industrial Commission* que sa compagnie ne profite à sa connaissance d'aucune *discrimination*; l'insistance de ceux-ci trahit leurs doutes[1]. Quant aux tarifs douaniers, M. Gates expose qu'ils sont nécessaires au trust pour lui permettre d'exporter largement en Europe[2]. Très souvent, il le reconnaît, les prix de vente à l'exportation sont moins élevés qu'à l'intérieur[3]. Le profit réalisé sur les acheteurs américains, grâce au droit de six dixièmes de cent par livre de machine[4] (environ 66 francs la tonne), fait équilibre à ces sacrifices. Et le trust parvient ainsi à vendre en Angleterre 60 p. 100 du fil de fer qui s'y consomme[5]. Il est assez curieux de voir une industrie capable d'exporter dans de telles proportions, réclamer une protection douanière frappant les produits étrangers d'un droit qui dépasse parfois 60 p. 100 de leur valeur et qui ne descend jamais au-dessous[6] de

1. *Report of the Industrial Commission*, p. 1007 et 1031.
2. *Ibid.*, p. 1013.
3. *Ibid.*, p. 1015.
4. *Ibid.*, p. 1013.
5. *Ibid.*, p. 1015.
6. D'après une statistique fournie par l'éditeur de l'*Iron Age* à l'*Industrial Commission*, le prix du fil de fer ordinaire a varié pendant les cinq années 1895 à 1899 entre les limites de

25 p. 100. En réalité, il ne s'agit plus de protection ; on ne cherche pas à garantir l'existence de l'industrie du fil de fer en Amérique, mais à faciliter son triomphe sur les marchés extérieurs. L'élément artificiel et abusif de victoire mis ainsi à la disposition du trust favorise son monopole en isolant le marché américain, en le livrant sans défense à son exploitation.

La place d'une société aussi puissante était marquée d'avance dans un trust métallurgique complet. Elle monopolisait étroitement une spécialité ; on avait besoin d'elle pour arriver à monopoliser l'ensemble. Au surplus, M. Morgan ne s'y était pas trompé et sa sollicitude éclairée s'était étendue dès 1899 sur le trust du fil de fer, comme nous l'avons vu.

Son émule, le juge Moore, avait de son côté provoqué successivement la formation de trois trusts de spécialités, le trust du fer-blanc (*American Tin-Plate Company*), le trust du feuillard et des bandes de fer (*American Steel Hoop Company*) et le trust des tôles (*American Steel Sheet Company*). Avec la *National Steel Company*, que

---

1 $ 10 à 2 $ 87 les cent pounds. Et ce prix est forcément plus élevé que celui de la machine (*rod*). (*Report of the Industrial Commission*, p. 55.)

nous connaissons déjà, ces trois trusts constituaient le groupe Moore.

La création du trust du fer-blanc remonte à 1898. Il est bien l'œuvre de M. Moore, qui avait acheté personnellement une quarantaine de fabriques pour les remettre ensuite à une société par actions fondée par lui, l'*American Tin-Plate Company*[1]. Le capital de la nouvelle société est de 250 millions de francs, la production annuelle de ses usines se chiffre par 8 millions de boîtes de fer-blanc de cent. pounds[2], et la consommation américaine s'élève à 9 millions de ces boîtes, ce qui représente, paraît il, les deux tiers de la consommation du monde entier[3]. On sait, en effet, quelle place considérable la fabrication des conserves tient aux États-Unis; conserves de viande à Chicago, Kansas-City, Omaha; conserves de fruits en Floride et en Californie; conserves de saumon sur la côte du Pacifique, etc. De plus, le fer-blanc, plat ou gaufré, est très employé pour la couverture des constructions légères, si nombreuses là-bas. Depuis longtemps, l'Amé-

1. *Report of the Industrial Commission*, p. 960. Déposition de M. Moore.

2. Livres anglaises de 450 grammes.

3. *Report of the Industrial Commission*, p. 882. Témoignage de M. Reid, président de *American Tin-Plate Company*.

rique a besoin, pour tous ces usages et pour beaucoup d'autres, d'une quantité énorme de fer-blanc. Mais il lui manque un élément indispensable pour le fabriquer, l'étain, qui se trouve surtout dans le Cornwall anglais. Jusqu'en 1890, elle avait importé tout le fer-blanc dont elle avait besoin. A ce moment, grâce au tarif Mac-Kinley [1], qui protégeait énergiquement toutes les branches de la métallurgie, on commença à établir des usines à fer-blanc aux États-Unis. « L'industrie du fer-blanc est en réalité, dans ce pays-ci, une création du tarif Mac-Kinley », dit M. Griffiths, fabricant indépendant du trust [2], et les membres du trust affirment la même chose sous une autre forme. Quand on demande à M. Graham, l'un des vice-présidents, quel a été l'effet de la protection douanière sur la combinaison actuelle, il répond adroitement : « Mais, il n'y aurait eu rien à organiser, sans elle ! [3] »

Tous d'ailleurs, amis ou adversaires du trust, déclarent aujourd'hui encore que le tarif exis-

---

1. Le tarif Mac-Kinley (1890) frappait la boîte de fer-blanc de 100 livres d'un droit de 2 $ 20 (11 francs); le tarif Wilson (1894) réduisit ce droit à 1 $ 20 (6 francs); le tarif Dingley, actuellement en vigueur, l'a porté à 1 $ 50 (7 fr. 50).

2. *Report of the Industrial Commission*, p. 909.

3. *Ibid.*, p. 854.

tant est absolument nécessaire à l'industrie américaine du fer-blanc, et qu'il n'est pas responsable du monopole de l'*American Tin-Plate Company* [1]. Ils reconnaissent cependant que l'exportation du fer-blanc américain est impossible actuellement, et pour longtemps sans doute [2]. Sans les barrières artificielles qui isolent sa sphère d'action, l'*American Tin-Plate Company* ressentirait donc les effets de la concurrence anglaise, et sa domination se trouverait ruinée par là même. Ces témoignages marquent bien d'ailleurs la situation anormale de cette industrie en Amérique. Tous ceux qui s'y livrent ont besoin d'être protégés contre leurs rivaux d'Europe. Et ce besoin est assez vivement senti par eux, pour que ceux-là même qui souffrent des procédés du trust aiment mieux y rester exposés en conservant le tarif, qu'y échapper en le perdant. Le trust se trouve ainsi assuré d'un élément de succès artificiel et nécessaire.

Sa domination s'est exercée par un procédé particulier; il est parvenu à empêcher ses concurrents d'acheter ou de fabriquer les tôles qui leur sont nécessaires. L'industrie du fer-blanc se

---

1. *Report of the Industrial Commission*, p. 878 et 912.
2. *Ibid.*, p. 855 et 882.

prêtait particulièrement à ce genre de manœuvres à cause du nombre des opérations successives qu'elle comporte, et des produits spéciaux qu'elle réclame. Les tôles de fer ou d'acier qu'on y emploie sont d'une qualité et d'un poids déterminés, différents de la qualité et du poids des variétés courantes de tôles [1]. On les trempe dans l'eau-forte, puis dans un bain d'étain fondu, et on les transforme ainsi en fer-blanc après les avoir soumises à l'action de la chaleur. Le trust avait en face de lui des établissements qui se bornaient à acheter la tôle spéciale dont ils avaient besoin et à lui faire subir ces préparations (*dipping establishments*). Il commença par s'assurer la propriété des laminoirs organisés pour la production de la tôle à fer-blanc, puis il en construisit de nouveaux, de manière à être pratiquement maître de ce produit. Une fois ce résultat obtenu, une fois qu'il se sentit à peu près seul producteur de la matière première, il refusa de la vendre aux *dipping establishments* qui ne s'alliaient pas à lui. Le fait est explicitement énoncé par un des fabricants indépendants interrogés par l'*Industrial Commission*[2]; un des

1. *Report of the Industrial Commission*, p. 889 et 890.
2. *Ibid.*, p. 894.

membres du trust, M. Greer, critiquant cette accusation, s'en défend par un faux-fuyant : « Nous fournissons, dit-il, des milliers de tonnes de *black plate* (plaques noires) à des *dippers* de Chicago, Pittsburgh, Philadelphie, etc., ce qui prouve que les *dippers* de bonne réputation et solvables (*reputable and responsible*) n'ont pas de difficulté à se procurer leur matière première..., mais les *dippers* insolvables nous ont causé beaucoup de pertes... L'*American Tin-Plate Company* s'est efforcée, en conséquence, de décourager les innombrables *dippers* insolvables qui jetaient dans la circulation des fers-blancs de mauvais aloi pour ne conserver que les marques de fabrique garanties par elle. Elle considère que c'est une bonne discipline (*a good business policy*)[1]. » Ce peut bien être, en effet, une bonne discipline, mais elle suppose un monopole de fait sur la *black plate*.

Pour y échapper, certains fabricants de fer-blanc résolurent de monter des laminoirs et de produire eux-mêmes leurs tôles. Là encore ils trouvèrent la route barrée. S'ils s'adressaient aux maisons réputées pour la construction des

---

1. *Report of the Industrial Commission*, p. 924.

machines nécessaires, ils essuyaient un refus, ou bien on leur demandait de signer un contrat par lequel ils s'engageaient à ne pas laminer de tôle à fer-blanc pendant deux ans au moins[1]. La condition était inacceptable. Mais le trust l'impose aux constructeurs qu'il emploie. « Nous avons choisi 6 ou 7 des meilleurs constructeurs de machines du pays, dit M. Reid, président du trust... Nous nous engageons à prendre la totalité de leur production...; de leur côté, ils ne doivent livrer à personne en dehors de nous aucune machine servant à laminer les tôles à fer-blanc[2]. » Il est vrai qu'il y a des constructeurs non soumis à ce régime, des *outsiders*, mais ce sont les moins habiles, de sorte que, pour faire concurrence à l'*American Tin-Plate Company*, il faut accepter d'abord une infériorité dans l'outillage.

Grâce à ces procédés et à plusieurs autres plus ou moins contestés[3], le trust a établi son monopole de fait sur la fabrication du fer-blanc en Amérique, par conséquent sur les deux tiers

---

1. *Report of the Industrial Commission*, p. 889. Déposition de M. Griffiths.

2. *Ibid.*, p. 875.

3. *Ibid.*, p. 891, 895, 896, et d'une manière générale toute la déposition de M. Griffiths avec la réponse de M. Greer.

de la production totale du monde. Mais, tout puissant qu'il soit, ce trust aurait tout à craindre des propriétaires de hauts fourneaux et aciéries auxquels il achète son acier. C'est seulement, en effet, à partir de l'acier qu'il conduit la transformation du métal jusqu'aux différentes variétés de produits finis en fer-blanc. Il lui faut donc des alliés. C'est pourquoi nous voyons dans le même groupe que lui, dans le groupe Moore, la *National Steel Company* chargée de fournir de l'acier aux trois trusts de spécialités formés par M. Moore, celui du fer-blanc, celui du feuillard et des lamelles, celui des tôles.

Le trust du feuillard et des lamelles (*American Steel Hoop Company*) fut organisé au mois d'avril 1899 au capital de 265 millions de francs. La réunion des différentes fabriques sous une même direction avait dans cette industrie un avantage particulier provenant de la grande variété des produits. « Nous faisons environ 85 à 90 dimensions différentes, dit M. Guthrie, président de la Compagnie: cela nécessite de fréquents changements de cylindres dans nos laminoirs.

Si nous donnons à une seule usine mille tonnes d'une même dimension, il y a une économie d'un dollar à un dollar et demi par tonne[1]. Le trust élabore annuellement 700 000 tonnes de produits finis; il en vend la plus grande partie aux États-Unis où les lamelles d'acier sont très demandées pour l'emballage des cotons, mais il exporte aussi en Europe à des prix inférieurs aux prix du marché américain grâce à l'existence du tarif douanier.

Le trust des tôles (*American Steel Sheet Company*) avait une origine plus récente encore et remontait seulement au mois de mars 1900. Il groupait 29 fabriques et son capital s'élevait à 260 millions de francs[2]. Sa production se chiffre par 150 000 tonnes. Les tôles sont en France et en Allemagne l'objet de syndicats. C'est une spécialité bien déterminée, ce qui facilite la concentration et ouvre la voie au monopole là où se rencontrent des éléments artificiels favorables. Il est fort à croire que, dans le cas des États-Unis, la main mise par le trust du fer-blanc sur les tôles spéciales dont il avait besoin a provoqué la poursuite de l'opération et la constitution du trust des tôles ordinaires.

---

1. *Report of the Industrial Commission*, p. 953.
2. *Moniteur officiel du Commerce* du 20 juin 1901. Rapport de M. Bruwaert, consul général de France à New-York, sur la corporation américaine de l'acier.

A la fin de l'année 1900, à la suite de la création de tous les trusts que nous venons de voir, le tableau de la situation de la métallurgie aux États-Unis était à peu près celui-ci :

Au midi, dans l'Alabama et le Tennessee en particulier, une série d'usines plus ou moins indépendantes, vraisemblablement pleines d'avenir, mais ne pouvant pas gêner sérieusement les entreprises de monopolisation. Leur production actuelle n'atteint pas 10 p. 100 de la production totale de la métallurgie américaine. On peut donc les traiter comme une quantité négligeable. C'est du moins ce qu'ont fait les créateurs du grand trust.

Au nord, la région industrielle qui s'étend de la Pensylvanie à l'Illinois, en passant par l'Ohio, constitue le vrai centre métallurgique des États-Unis. La Pensylvanie, à elle seule, figure pour 60 p. 100 dans le total de la production, l'Ohio et l'Illinois réunis pour 30 p. 100 environ. Celui qui parviendra à se rendre maître de cette région dominera toute la métallurgie américaine.

Mais trois puissances rivales sont en présence et paraissent disposées à la lutte. Nous connaissons les deux premières, et nous savons ce qu'elles représentent; c'est le groupe Morgan, c'est le groupe Moore. La troisième n'est pas moins redoutable ; c'est la colossale entreprise hardiment fondée et supérieurement menée par M. Carnegie.

La compagnie Carnegie possède à ce moment 16 000 hectares de concessions houillères, des gisements produisant annuellement 5 millions de tonnes de minerai de fer, 11 652 fours à coke, 19 hauts fourneaux, 3 aciéries comprenant 8 convertisseurs Bessemer et 56 fours Martin, 34 trains de laminoirs, 1 usine spéciale pour la fabrication des plaques de blindage, 1 forge pour les essieux montés de locomotives et de wagons. L'ensemble de ses établissements occupe 50 000 hommes auxquels elle a distribué dans son dernier exercice annuel 50 millions de dollars de salaires, soit une moyenne d'environ 16 francs par jour et par tête.

M. Carnegie a organisé jadis des syndicats plus ou moins éphémères, qui lui ont servi comme de marchepieds successifs pour atteindre sa situation présente. Ceux qui ont été contre lui en ont toujours pâti. Ceux qui ont voulu associer leur sort au sien se sont aperçus parfois qu'ils avaient favorisé ses desseins sans participer à ses profits. C'est un adversaire dangereux ; ce n'est pas un

allié de tout repos. Véritable « capitaine d'industrie », il excelle dans l'exécution rapide de ses
plans, et ses plans sont à la fois très réfléchis et
très audacieux.

Après tant de succès, le groupe Morgan et le
groupe Moore se demandent avec inquiétude quel
avenir leur réserve la rivalité de Carnegie. C'est
le plus grand fabricant de rails des États-Unis, et
voilà une menace grave pour la *Federal Steel
Company* qui est parvenue à s'assurer le tiers
de la production totale. A peine le trust des tôles
a-t-il été formé que Carnegie a commencé la
construction de laminoirs pour lui faire concurrence, ce qui jette la perturbation dans le groupe
Moore et manifeste une hostilité pleine de périls.
Même attitude, d'ailleurs, vis-à-vis du groupe
Morgan, car les ingénieurs de Carnegie reçoivent
au mois de janvier 1901 [1] l'ordre d'élever à Con-
neaut, au bord du lac Erié, des ateliers de tuyauterie au prix de 60 millions de francs; et la
*National Tube Company* sent que le monopole
des tuyaux de fer va lui échapper.

Unis par ce danger commun, le groupe Moore
et le groupe Morgan, d'une part entament la lutte

---

1. Rapport déjà cité de M. Bruwcart.

contre Carnegie en essayant de gêner ses approvisionnements ou ses transports de minerais, en construisant des usines rivales des siennes, d'autre part engagent avec lui des négociations. Le 11 février 1901, ces négociations aboutissaient à un contrat par lequel Carnegie cédait ses établissements, en ce qui le concernait, à M. J. Pierpont Morgan, et, le 20 mars suivant, après acceptation de la grande majorité des actionnaires de toutes les sociétés intéressées, le groupe Moore et la compagnie Carnegie ne formaient plus qu'un seul *trust*, l'*United States Steel Corporation*, au capital de quatre milliards et demi de francs.

Telle est l'origine de cette combination gigantesque qui, vieille de quelques mois seulement, a déjà étendu sa domination sur d'autres entreprises métallurgiques, telles que l'*American Bridge Company*, société pour la construction des ponts en fer; elle s'est assuré le concours de Rockefeller pour les minerais du lac Supérieur; elle a provoqué la création d'un trust des chantiers de construction de navires[1] aux États-Unis; elle a acheté la majorité des actions de la com-

---

1. *Moniteur officiel du Commerce* du 20 juin 1901. Rapport de M. Louis Dallemagne, consul de France à San-Francisco.

pagnie anglaise de navigation *F. Leyland,* qui possède 65 navires d'un tonnage total de 321 000 tonnes. Il semble qu'aujourd'hui le trust de l'acier, sûr de sa domination en ce qui concerne le marché américain, organise la conquête des marchés étrangers, et commence par assurer ses transports d'une manière tout à fait indépendante pour ne pas être entravé dans son exportation. L'acquisition de la compagnie Leyland le met de suite en possession de lignes importantes des États-Unis à Liverpool et de Liverpool vers la Méditerranée et l'Orient. Elle l'arme donc immédiatement pour la concurrence avec la métallurgie anglaise et va lui permettre d'envoyer ses fers et ses aciers, par ses propres moyens, soit en Angleterre même, soit sur des marchés où dominent l'Angleterre et l'Allemagne. Le trust des chantiers de construction de navires, aux États-Unis, marque d'autre part que l'*United States Steel Corporation* n'a pas en vue seulement la nécessité actuelle d'écouler ses stocks à l'étranger, mais qu'elle vise à l'organisation d'une exportation normale et permanente et qu'elle veut prendre en mains le relèvement de la marine marchande américaine.

Le trust de l'acier a donc une puissance considérable et des vues extrêmement ambitieuses; son organisation financière est-elle suffisante pour les soutenir? C'est une question difficile à trancher d'une façon absolue. On peut seulement signaler, à côté des éléments de succès que nous connaissons, une cause possible de difficultés futures pour le trust. C'est l'enflement exagéré de son capital. A chacune des combinaisons nouvelles qui, par concentrations successives, ont groupé des compagnies métallurgiques autrefois isolées en une série de trusts spéciaux, puis en un seul trust, le capital de ces compagnies ou de ces trusts a été artificiellement grossi.

C'est un procédé fort usité en Amérique que celui de l'*overcapitalization*. Dans l'argot spécial de la Bourse, il porte le nom de *watering*, arrosage. Quand une affaire, qui a réellement absorbé un capital donné, un million de dollars par exemple, porte son capital à deux millions, on dit qu'elle arrose ses actions. En fait, ses créateurs vendent pour deux millions ce qui leur en a coûté un. Si les bénéfices sont suffisants pour rémunérer le capital ainsi doublé, tout va bien et c'est la marque que l'entreprise valait réellement deux millions; sinon les dividendes tombent à de faibles sommes, les actions se déprécient et leurs acheteurs se rendent compte qu'on leur a passé du *watered stock*, des valeurs arrosées.

Les trusts métallurgiques et plusieurs autres grands trusts américains ont généralement adopté un procédé financier perfectionné pour sauvegarder, d'une part, les intérêts d'un caractère vraiment industriel et pour exciter, d'autre part, la spéculation. Ils ont créé deux types d'actions tout à fait différents : les actions de préférence (*preferred stock*) et les actions ordinaires (*common stock*).

Les actions de préférence reçoivent sur les bénéfices réalisés, mais avant tout partage avec les actions ordinaires, un tant pour cent, généralement 7 p. 100, de leur valeur en capital. De plus, elles sont cumulatives, c'est-à-dire que si les bénéfices d'une année ne permettent de leur distribuer que 4 p. 100, elles exercent sur les bénéfices de l'année suivante un prélèvement de 3 p. 100. « Ainsi non seulement le possesseur d'actions de préférence est assuré de recevoir une rémunération élevée de son capital avant que le détenteur d'actions ordinaires ne touche rien, mais si, pour une raison ou pour une autre, ses dividendes ne peuvent pas lui être payés, ils s'accumulent à son crédit et lui créent contre la compagnie une créance qui doit être acquittée lorsque la prospérité revient, avant que les actions ordinaires aient droit à un sou de revenu [1] ». Et on cite certaines sociétés dans lesquelles les dividendes non payés, accumulés au compte des actions de préférence, atteignent 28, 31 et même 40 p. 100 [2]. Ces actions de préférence, si ouvertement privilégiées, représentent en général le prix d'acquisition des usines fusionnées dans le trust. Elles sont entre les mains des industriels qui possédaient ces usines et qui les ont vendues au trust. Celui-ci les paie en actions, mais en actions sûres, garanties comme nous venons de le voir.

Mais tout trust qui s'établit a la prétention de créer une concentration avantageuse, qui se traduira par une augmentation de bénéfices ; le *common stock*, les actions ordinaires, recueilleront ce bénifice, en théorie du moins. Les actions de préférence seront rémunérées par les revenus industriels de chaque usine ; les autres

---

1. Voir, dans les *Annals of the American Academy of political and social science* de novembre 1900, l'article très complet de M. Edward Sherwood Meade : *Financial aspects of the trust Problem*, p. 50.

2. *Id., ibid.*, p. 50.

par les « économies résultant de la concentration ». Et comme, parmi ces « économies », le public voit surtout celle du monopole imposé à la clientèle sur les ruines de la concurrence; comme ce public a une tendance à exagérer beaucoup l'importance de cette source de bénéfices, il se porte avec enthousiasme sur les actions ordinaires qui deviennent aussitôt des valeurs de spéculation.

Il est rare cependant que les espérances auxquelles elles donnent lieu se réalisent. Les industriels qui ont reçu des actions de préférence, soigneusement gardées par eux, et des actions ordinaires, dont ils ont eu soin de se débarrasser, restent maîtres des décisions de la société; ce sont eux qui peuplent le conseil d'administration. Ils peuvent donc employer les bénéfices réalisés à changer l'outillage, à s'approvisionner de matières premières, à acheter un concurrent menaçant. Et ils y sont poussés, car tout dollar dépensé à rendre l'entreprise plus forte vient en diminution des bénéfices à distribuer, et est en pratique autant d'enlevé aux actions ordinaires. Aussi les actions ordinaires sont-elles régulièrement sacrifiées. En 1899, aucun des trusts métallurgiques, ni la *National Steel Co.*, ni le trust du fer-blanc, ni celui du fil de fer, ni celui des lamelles, ni la *Federal Steel Co.* ne leur distribuent un cent. Au mois de juillet 1900, les meilleures de ces actions, celles du trust du fil de fer, ne dépassent pas 32 $ à la Bourse de New-York ; toutes ont été émises à 100 $ en 1898 et 1899 [1].

Et le grand trust formé en 1901 n'hésite pas néanmoins à les échanger contre un nombre au moins égal des actions ordinaires qu'il émet. Parfois même il donne à leurs porteurs, en plus de ses actions ordinaires, une certaine quantité d'actions de préférence. C'est le cas, notamment, pour les actionnaires du trust du fer-blanc. La circulaire adressée le 2 mars 1901 par le banquier J. P. Morgan aux actionnaires des différentes compagnies englobées par l'*United States Steel Corporation* nous fixera d'ailleurs exactement sur les conditions qui leur étaient offertes :

« Pour chaque valeur de 100 dollars au pair des actions de la classe ci-dessous mentionnée on offre en actions ordinaires ou en actions de pré-

---

1. Voir, dans l'article déjà cité de M. Edward Sherwood Meade, la partie intitulée : *The collapse of the common stock.*

férence de l'*United States Steel Corporation* la valeur placée en regard :

| NOM DE LA COMPAGNIE | NATURE D'ACTIONS | MONTANT DES NOUVELLES ACTIONS DÉLIVRÉES AU PAIR | |
| --- | --- | --- | --- |
| | | de préférence | ordinaires |
| Federal Steel Co. | Actions de préférence. | 110 | » |
| | — ordinaires.... | 4 | 107 50 |
| American Steel and Wire Co. | — de préférence. | 117 50 | » |
| | — ordinaires.... | » | 102 50 |
| National Tube Co. | — de préférence. | 125 | » |
| | — ordinaires.... | 8 80 | 125 |
| National Steel Co. | — de préférence. | 125 | » |
| | — ordinaires.... | | 125 |
| American Ties Plate Co. | — de préférence. | 125 | » |
| | — ordinaires.... | 20 | 125 |
| American Steel Hoop Co. | — de préférence. | 100 | » |
| | — ordinaires.... | » | 100 |
| American Sheet Steel Co. | — de préférence. | 100 | » |
| | — ordinaires.... | » | 100 |

Ainsi, sauf pour les deux dernières compagnies, il y a augmentation de capital dans tous les cas. Elle est considérable pour le trust du fer-blanc (*American Tin-Plate Co.*), dont les porteurs d'actions ordinaires reçoivent un cinquième de la valeur nominale d'actions dépréciées en actions de préférence, c'est-à-dire en titres de premier ordre, plus 125 p. 100 de cette même valeur en actions ordinaires.

Cet enflement de capital donne à penser que, vraisemblablement, les actions ordinaires du grand trust ne seront pas traitées beaucoup mieux que celles des trusts métallurgiques englobés par lui ne l'avaient été auparavant. Il y a par conséquent, une grosse part du capital du trust à laquelle on ne saurait prudemment attribuer une valeur en rapport avec sa valeur nominale. Cette part est exactement de 425 millions de dollars, soit 2 milliards 125 millions de francs. Elle ne pourra recevoir aucune rémunération avant que l'intérêt à 5 p. 100 des obligations et les dividendes des actions de préférence 7 p. 100 cumulatives ne soient entièrement payés. Or les obligations atteignent le chiffre de 304 millions de dollars, soit 1 milliard 520 millions de francs; le service de leurs intérêts absorbera donc annuellement 76 millions de francs. Les actions de préférence représentent 425 millions de dollars, soit 2 milliards 125 millions de francs; elles prélèveront donc chaque année près de 149 millions de francs, et si on manque à les leur donner, elles auront une créance d'autant sur le trust, créance qui devra être acquittée sur les premiers bénéfices réalisés, comme nous l'avons expliqué. Bref, il faut prendre annuellement 225 millions de francs sur les profits du trust avant que les actions ordinaires ne reçoivent un *cent* de dividende, et nous savons que les directeurs de l'affaire peuvent aisément s'arranger pour que les profits *réalisés* n'aillent pas au delà.

Bien entendu, les banquiers intéressés à la hausse des actions ordinaires tiennent un autre langage. Voici la traduction textuelle d'une lettre privée écrite par l'un d'eux au commencement d'avril 1901 : « Il peut être établi avec une autorité absolue que la Compagnie Carnegie seule a gagné l'an dernier une somme à peu près suffisante (*practically sufficient*) pour payer les intérêts des obligations et les 7 p. 100 des actions privilégiées. Par suite, tout le bénéfice net des autres sociétés absorbées par le trust se trouvera libre pour les dividendes des actions ordinaires. »

L'avenir dira si ces vues optimistes sont justifiées. Pour le moment, ce qu'on peut affirmer, c'est la puissance énorme du trust en lui-même, le caractère sérieux de ses actions de préférence et la nature, pour le moins très aléatoire, de ses actions ordinaires. Les unes représentent la valeur industrielle actuelle de l'affaire; les autres escomptent le succès et représentent des espérances.

Le chiffre de 5 milliards 770 millions de francs

ne doit donc pas faire illusion [1]. En réalité le capital du trust ne dépasse guère 3 milliards et demi de francs. Mais si cela doit rendre circonspects les acheteurs d'actions ordinaires, la domination du trust de l'acier aux États-Unis n'en reste pas moins assurée, et sa concurrence n'en est pas moins menaçante pour les métallurgistes européens.

## V. —- Les effets des trusts.

Nous avons vu, en étudiant les causes et la nature des trusts américains, qu'ils résultent à la fois du phénomène normal de la concentration industrielle et commerciale, d'une part, et d'un usage anormal de la puissance publique, d'autre part. De là un contraste marqué entre les deux aspects sous lesquels on peut les envisager, soit comme l'expression inévitable d'une situation

1. Voici la composition du capital du trust en dollars et en francs :

| | DOLLARS | FRANCS |
|---|---|---|
| Obligations 5 p. 100 1re hypothèque représentant principalement l'achat des usines Carnegie........ | 304 000 000 | 1 520 000 000 |
| Actions de préférence cumulatives 7 p. 100....................... | 425 000 000 | 2 125 000 000 |
| Actions ordinaires................ | 425 000 000 | 2 125 000 000 |
| TOTAL............ | 1 154 000 000 | 5.770.000.000 |

économique nouvelle, soit comme la manifestation d'un abus contre lequel il importe de réagir.

Le même contraste se retrouve dans leurs effets. Les trusts ont réalisé un progrès en organisant la concentration; ils ont été un instrument d'oppression en constituant des monopoles de fait.

Le progrès, ce sont les économies apportées à la fabrication, à la distribution des produits, l'équilibre plus exact entre la production et la consommation, ce que les défenseurs des trusts appellent avec un grand bonheur d'expression « la production scientifique substituée à la production anarchique [1] ».

Les dépositions des directeurs de trusts devant l'*Industrial Commission* développent avec complaisance ce thème des économies de fabrication dues à la concentration industrielle et commerciale. « Nous diminuons notre personnel dirigeant, disent-ils, ce qui nous permet de payer très cher et par conséquent de très bien choisir

---

1. Le mot est de M. Gunton, l'un des partisans déclarés des trusts aux États-Unis. Il s'en est servi pour la première fois, je crois, en 1888 dans un article du *Political Science Quarterly* et en a fait depuis une formule de combat pour la campagne qu'il soutient en faveur des trusts, dans son *Gunton's Magazine*.

celui que nous conservons ; nous fermons les usines mal situées ou insuffisamment outillées et nous appliquons à toutes les procédés reconnus les meilleurs ; nous spécialisons autant que possible notre fabrication dans chaque usine, ce qui se traduit par une réelle diminution de main-d'œuvre ; bref, nous fabriquons à meilleur marché qu'on ne pouvait le faire avec des usines appartenant à différentes entreprises. Et comme nous agissons sur d'énormes quantités, nous avons l'avantage d'acheter nos matières premières au meilleur compte, ce qui diminue encore notre prix de revient ».

A côté de l'économie de fabrication, voici l'économie de distribution : « Nous réduisons les transports de matières premières et de produits au strict minimum. Autrefois une usine de Pittsburgh, par exemple, envoyait des fers à Chicago et à la côte du Pacifique, tandis qu'une usine de l'Indiana envoyait les siens à la côte de l'Atlantique. Maintenant les ordres de la clientèle des bords de l'Atlantique sont exécutés à Pittsburgh, ceux de la clientèle de l'Ouest dans les usines de l'Ouest[1] ». Sur un marché aussi étendu que celui

----

1. Voir *Report of the Industrial Commission*, p. 856. Témoignage de M. Graham, vice-président du trust du fer-blanc.

des États-Unis, cette économie de distribution
est particulièrement sensible; on sait d'ailleurs
qu'elle reste encore importante sur des marchés
limités comme la France ou l'Allemagne; elle
constitue un des avantages recherchés par les
syndicats de producteurs de ces pays. Mais l'économie n'est pas seulement dans le fait du transport matériel notablement diminué; la distribution des produits comprend aussi les frais de
réclame de toutes sortes, depuis l'affiche et l'an-
nonce jusqu'au voyageur de commerce; là
encore la concentration apporte le bénéfice d'une
grande diminution de dépenses.

Enfin, économie plus appréciable encore,
parce qu'elle apporte dans l'industrie un élément
de régularité et de paix, la concentration très
grande évite la folle concurrence qui aboutit
fatalement aux crises de surproduction, aux chô-
mages forcés. On travaille dans les usines d'une
façon plus continue et chaque usine travaille à
plein (*at full capacity*). Pas d'outillage sans
emploi, de capital dormant. C'est le résultat de
la longue prévision possible aux chefs d'entreprises qui fournissent à elles seules une très forte
proportion des produits consommés. Ils peuvent
maintenir plus efficacement l'équilibre entre

leur activité et les besoins de leur clientèle,
parce que personne n'est en mesure de déranger
gravement cet équilibre [1].

Voilà ce qu'on pourrait appeler les bienfaits
des trusts ou plus exactement les bienfaits de la
concentration réalisée par eux; mais les trusts
n'ont pas été seulement des organes de concentration, ils ont créé des monopoles de fait et les
effets de ces monopoles méritent d'être examinés.
Sans doute, ces monopoles ont une allure nouvelle, inconnue aux anciens monopoles purement
et simplement établis par une autorité publique
puissante; à ce titre ils se réclament parfois de
l'évolution, mais comme le disait le général
Francis Walker avec beaucoup d'esprit, *Some
evolutionnists ought to be hanged*, « il y a des évo-
lutionnistes qui méritent la corde », et il préci-
sait sa pensée en ajoutant que les malfaiteurs
qui arrêtent parfois les trains de chemins de fer
dans les solitudes américaines de l'Ouest sont,
eux aussi, le produit d'une évolution; ils repré-

---

1. J'ai résumé très succinctement ici les dépositions pleines
de détails précis qui ont été faites devant l'*Industrial Commission*. On peut retrouver aisément ces dépositions en se
reportant à la table des matières du *Report* à l'article intitulé : *Economies of Combinations*. Voir aussi le même article
à l'*Index* spécial consacré à la *Standard Oil Co.*

sentent le progrès par rapport aux anciens voleurs de grands chemins, mais cela ne justifie pas leur existence.

La comparaison est, à coup sûr, malveillante ; elle repose cependant sur une analogie véritable, puisque les trusts, nous l'avons vu, ont joué ordinairement le rôle de coupeurs de routes vis-à-vis de leurs concurrents. En s'assurant la complicité des chemins de fer, en faisant voter par des législateurs corrompus les tarifs douaniers dont ils avaient besoin, ils ont écarté leurs rivaux d'une façon déloyale et abusive, ils ont porté atteinte à la liberté de l'industrie. Voilà un méfait positif dont ont gravement souffert des industriels, des négociants ; il y a eu concurrence déloyale de la part des trusts.

Il importe de distinguer à ce sujet les victimes de la concentration et les victimes du monopole. Qu'un petit raffineur de pétrole, qu'un métallurgiste modeste, ne puissent pas lutter avec une grande raffinerie ou avec une grande usine métallurgique spécialisée, c'est bien là un pur effet de la concentration, une suite normale de l'évolution industrielle commerciale. Les premiers ne peuvent pas fabriquer dans d'aussi bonnes conditions que les seconds ; il est donc avantageux qu'ils disparaissent. Mais s'ils sont vaincus par des manœuvres frauduleuses, leur disparition est la conséquence d'une injustice et n'offre plus aucun avantage au consommateur, bien au contraire.

Le trust ne la poursuit, en effet, que pour s'assurer un monopole sans contrôle, c'est-à-dire pour pouvoir dérober au consommateur le bénéfice de la concentration. Celle-ci diminue les frais de production; le monopole empêchera que cette diminution se manifeste complètement dans le prix de vente du produit. Ainsi, non seulement l'industriel rival du trust, mais aussi son client va se trouver lésé.

Ce résultat n'est pas toujours évident par lui-même. On peut prouver, par exemple, que le prix du pétrole raffiné a baissé depuis l'établissement du trust, ce qui semble, au premier abord, une justification. Mais il faut tenir compte du progrès des méthodes employées, de la baisse du pétrole brut, des tarifs de transports, du nombre infini de causes qui peuvent influer sur les cours. Dans un travail statistique très complet, publié par le *Department of Labor* de Washington, M. J. W. Jenks a déterminé pour les principaux trusts, et depuis plusieurs années, l'écart existant entre le coût de la matière première employée par eux et le prix de vente du produit fini. Cet écart (*margin*) représente la rémunération de leur opération industrielle.

C'est donc la mesure de leur gain, beaucoup plus que le prix de vente. Or, d'après les chiffres relevés par M. Jenks, l'écart augmente presque toujours au moment de l'établissement du monopole de fait, diminue quand il est menacé, monte de nouveau quand il se raffermit. Ainsi de 1880 à 1887, concurrence très active (*very severe*) dans l'industrie du sucre; l'écart est faible. En 1887, le trust est organisé, l'écart double et se maintient pendant deux ans. En 1889, il retombe à son ancien taux; c'est l'époque où les raffineries Spreckles ont entamé la lutte contre le trust. Mais celui-ci les ayant achetées en 1892, l'écart revient au chiffre de 1887. Pendant six ans il a une légère tendance à diminuer; il ne baisse fortement qu'en 1898 quand les raffineries Arbuckle et Doscher reprennent vigoureusement la lutte. Actuellement encore il reste bas par suite des mêmes circonstances; il est d'environ 50 cents par 100 livres; il a atteint en 1887 et 1892 le chiffre

de 125 cents par 100 livres[1]. Il est difficile de
ne pas voir dans l'histoire de ces variations
une preuve que le trust du sucre profite du
monopole, chaque fois qu'il le sent bien assuré,
pour exploiter la clientèle.

La chose est moins claire en ce qui concerne
le trust du pétrole, toujours modéré dans l'usage
de son pouvoir[2]. Au contraire, le trust du
whiskey, plus menacé, plus éphémère, a profité de sa situation prépondérante chaque fois
qu'il l'a pu, et sans vergogne[3]. Pour le trust du
fer-blanc, M. Jenks a pris comme base de ses
calculs la boîte de plaques de fer-blanc de
108 livres. Il faut pour la produire 105 livres 1/2
de tôle d'acier Bessemer et 2 livres 1/2 d'étain.
La différence entre le prix de ces matières premières et le prix de vente de la boîte représente
la rémunération industrielle du fabricant. En
raisonnant sur cette base, M. Jenks a pu relever
un parallélisme très net entre les périodes de
domination effective du trust et la hausse de
cette rémunération[4].

1. *Bulletin of the department of Labor. July 1900. Industrial Combinations,* p. 715 et 716.
2. *Id., ibid.,* p. 718 à 724.
3. *Id., ibid.,* p. 730 et 731.
4. *Id., ibid.,* p. 738.

En résumé, s'il est certain que les trusts les mieux organisés ont diminué le prix de revient de leurs produits par la concentration, on peut affirmer aussi que leur monopole leur a permis de garder pour eux la plus grosse part du bénéfice ainsi réalisé. Sous un régime de libre concurrence, ils auraient été contraints d'en faire profiter plus largement leur clientèle, et la concentration industrielle utile n'est pas incompatible avec ce régime. Il faut remarquer, d'ailleurs, qu'un trust monstre, comme celui de l'acier, réalise un degré de concentration supérieur à celui que réclame à l'heure actuelle la production économique. Il n'est pas mieux outillé à ce point de vue que les trusts de spécialités absorbés par lui.

Le monde ouvrier s'est préoccupé de savoir si l'existence des trusts avait une influence déterminée sur le taux des salaires. La question a plusieurs fois été examinée par l'*Industrial Commission* au cours de son enquête, et aucune conclusion nette ne se dégage des divers témoignages recueillis par elle. M. Jenks, qui a pris aux travaux de la commission une part très active, ne pense pas non plus qu'on puisse établir de relation positive entre ces deux ordres de faits au moyen de la statistique[1]. Mais s'il est impossible d'affirmer que les trusts font hausser ou baisser les salaires, il n'en résulte pas que leur existence soit indifférente aux ouvriers. En fait, le travail organisé peut traiter plus facilement avec un trust qu'avec les patrons isolés d'une même industrie; mais il faut pour cela que l'organisation ouvrière soit aussi énergique que l'organisation patronale. Les syndicats ouvriers puissants ont donc plutôt avantage à se trouver en face d'un trust; ceux dont la situation est précaire peuvent, au contraire, en souffrir. C'est pourquoi les grands *leaders* comme Samuel Gompers, président de l'*American Federation of Labor*, sans se prononcer en faveur des trusts, les voient d'un œil assez favorable et considèrent qu'ils encouragent les ouvriers à se syndiquer fortement. Dans leur esprit, ils entrevoient un avenir où des syndicats ouvriers et des trusts, également bien organisés s'entendraient contre le consommateur pour maintenir des salaires et des prix de vente largement rémunérateurs. Peu de mois après sa

---

1. Voir l'article précité du *Bulletin of department of Labor*, p. 685, et aussi *The Trust Problem* du même auteur, chap. IX : *The Trusts and Wages*.

constitution, le grand trust de l'acier s'est mis en conflit avec le syndicat ouvrier métallurgiste (*Amalgamated Association of Iron, Steel and Tin Workers*); il est à croire que l'entente finale se fera au détriment de la clientèle, le seul élément qui ne soit pas représenté dans la lutte.

Tel est le danger qu'il est permis de redouter. Les trusts n'ont pas toujours ménagé le consommateur; ils l'ont opprimé parfois, et généralement avec une grande modération; ils ont appliqué le *Sapienter opprimamus eum* des Pharaons, levant sur lui un léger tribut qui, multiplié par le chiffre énorme des acheteurs américains, aboutit à de grosses sommes. Ils ont pu ainsi s'assurer des bénéfices considérables sans irriter leur clientèle, souvent même en abaissant le prix de vente, ce qui suffit à la bien disposer, le calcul du prix de revient et de la rémunération industrielle échappant au public et répondant à une préoccupation d'économiste. En face de clients faciles à contenter, d'une part, et de syndicats ouvriers exigeants, d'autre part, ils seront bien tentés de sacrifier les intérêts des premiers aux réclamations des seconds. C'est là le danger économique. Jusqu'ici, il n'a pas eu un caractère grave; il sera toujours maintenu,

d'ailleurs, dans certaines limites, parce que toute
exagération de prix un peu marquée sollicite la
concurrence industrielle et devient une menace
pour le trust ; sur le terrain économique, en effet,
les trusts restent soumis aux conditions natu-
relles non entravées dans leur libre jeu par des
mesures artificielles. Mais la politique peut
édicter arbitrairement ces mesures artificielles ;
elle est souvent aux États-Unis entre les mains
d'hommes accessibles à la corruption et les trusts
s'appliquent à les corrompre. Là est leur danger
politique, beaucoup plus redoutable que leur
danger économique, danger incontesté et toujours grandissant.

Les Américains pourraient se mettre à l'abri
de ces dangers en luttant contre les éléments
artificiels des trusts ; en renonçant d'abord à leur
régime de protection à outrance, ce qui serait
relativement facile, et paraît, d'ailleurs, en voie
d'exécution prochaine ; puis en organisant un
contrôle plus exact de leurs chemins de fer, ce
qui est, assurément, beaucoup plus compliqué.
Mais jusqu'ici, ils ont suivi dans leur lutte contre
les trusts la méthode la plus déplorable. Ils s'en
sont pris aux forces économiques qui poussent
l'industrie à la concentration et les ont attaquées

au moyen des *Anti-Trust Laws*, c'est-à-dire par des mesures essentiellement artificielles. L'industrie avait besoin de moins d'entraves; il lui en ont donné de nouvelles. Ils ont réglementé et compliqué là où il fallait simplifier. On sait le résultat pitoyable qu'ils ont atteint et comment les cours américaines ont déclaré toutes les lois contre les trusts complètement inefficaces (*entirely unserviceable*).

L'Europe est restée au début assez indifférente aux progrès des trusts. C'était une question purement américaine, intéressante seulement pour les citoyens des États-Unis et pour les hommes d'études. Aujourd'hui, il n'en est plus ainsi. Les industriels européens se sentent menacés. La création du trust géant de l'acier a jeté l'alarme chez les métallurgistes auxquels la concurrence des anciens trusts de spécialités s'était fait sentir. Déjà des tentatives ont été faites pour former des trusts internationaux, par exemple pour le fil de fer[1]. Allons-nous assister à une terrible lutte; verrons-nous une forme nouvelle et élargie d'entente se constituer? L'avenir le dira. Ce qu'on peut affirmer dès aujourd'hui, c'est que les États-

---

1. Voir *Report of the Industrial Commission*, p. 1017, 1018, 1024.

Unis sortent de leur isolement industriel et sont terriblement armés par faire concurrence à l'Europe. Pourvus d'un outillage perfectionné, ils arrivent à produire aux prix du vieux monde tout en payant des salaires doubles, ce qui démontre une véritable supériorité. D'autre part, leur esprit d'entreprise remarquable secondé aujourd'hui par une puissance capitaliste énorme, sans rien perdre pour cela de son caractère hardi, est un sûr garant qu'ils useront de cette supériorité d'une façon active. L'action des trusts américains va cesser de se restreindre aux États-Unis; elle va s'étendre à l'Europe où elle rencontrera celle des cartells, des comptoirs et autres ententes de producteurs. A la veille de cette rencontre il est utile de bien connaître ces organisations diverses. Leur comparaison avec les trusts nous permettra, d'ailleurs, de déterminer plus nettement encore la nature de ceux-ci.

# CHAPITRE III

## LES CARTELLS ALLEMANDS

En Allemagne, comme dans tous les grands pays industriels, le développement actuel de l'activité économique est accompagné d'un phénomène marqué de concentration, mais celui-ci est loin de revêtir les mêmes formes qu'en Angleterre, en France ou aux États-Unis. A côté de ses traits généraux, communs à ces différentes contrées et dépendant de l'évolution parallèle qu'elles accomplissent, il a sa physionomie spéciale, proprement allemande, liée aux conditions particulières du travail, de l'organisation sociale et politique, tirée du caractère national. Il a aussi son nom ; il s'appelle *cartell*, c'est-à-dire ligue, association de membres égaux en droits, au moins théoriquement. Comparez le nom du

phénomène américain, le trust, c'est-à-dire le
fidéi-commis, l'abandon de tous droits, de toute
activité de la part des membres du trust, la délégation de ces droits, le transport de cette activité à un ou plusieurs *trustees*, mandataires munis
de pleins pouvoirs. D'un côté, il y a fédération,
de l'autre il y a absorption; d'un côté défense
d'intérêts communs; de l'autre domination,
domination despotique sur les associés et entre-
prenante contre les non-associés. L'Allemand
reste modéré; il ne rêve pas le triomphe bruyant;
il cherche à se garantir par une entente contre
le danger de la concurrence excessive, et ses
cartells lui servent à cela. L'Américain est un
ambitieux, ambitieux de pouvoir bien plus encore
que d'argent, ou plutôt il désire l'argent et il
l'aime comme un conquérant aime ses troupes
et ses canons, parce qu'il assure le pouvoir. Le
trust est pour lui un instrument de domination.

Entre les cartells et les trusts, la différence
n'est pas une différence de degré, comme on le
dit souvent, c'est une différence de nature. Il
n'existe pas de commune mesure à laquelle on
puisse ramener par exemple le syndicat rhénan-
westphalien des houilles qui représente les inté-

rêts de plus de cent sociétés minières et John
D. Rockefeller qui monopolise à lui seul le pétrole
aux États-Unis.

## I. — La nature des cartells.

Mais en quoi consiste exactement cette différence de nature, et par quels traits précis se
manifeste-t-elle? En procédant par élimination,
on peut constater qu'elle ne se trouve ni dans la
forme juridique, ni même dans le degré de concentration de l'entreprise.

De plus en plus aujourd'hui la forme juridique des cartells, comme des trusts, est la
société par actions. Ainsi le syndicat des houilles
de Westphalie et des provinces rhénanes (*Rhei-
nisch-westfälisches Kohlen-Syndikat*) est une
société par actions ordinaire formée entre les
exploitants syndiqués[1]. Le cartell sucrier constitué à partir du 1er juin 1900 est le résultat d'une
entente entre deux sociétés à responsabilité
limitée, le *Deutscher Zucker Syndikat* et le *Syn-*

---

1. On trouve les statuts du syndicat westphalien dans le
travail très complet de MM. E. Gruner et E. Fuster : *Aperçu
historique sur les syndicats de vente des combustibles dans le
bassin rhéno-westphalien*, p. 59 et suiv.

*dikat deutscher Zucker Raffinerien*. Le cartell des glaces est aussi une société à responsabilité limitée : *Verein deutscher Spiegelglas Fabriken*, etc., etc. Au point de vue légal, rien ne distingue ces cartells d'une autre société. De même, aux États-Unis, les grands trusts du pétrole, du sucre, sont aussi, quant à leur forme juridique, des sociétés ordinaires. Ils se sont couverts de ce manteau pour échapper aux lois spéciales faites contre eux, et l'artifice leur a parfaitement réussi, comme l'on sait. L'arsenal des *Anti-Trust Laws* reste sans effet sur eux.

En Allemagne, les cartells n'ont pas adopté la forme des sociétés commerciales pour recourir à un déguisement; il n'ont pas soulevé contre eux une réaction violente; ils n'ont pas été recherchés et combattus; leur organisation officielle et légale répond effectivement à leur nature; ce sont en effet des ententes volontaires tendant à une action commune en vue de la vente de certains produits. Voilà bien une différence entre les trusts et les cartells, mais elle porte, on le voit, plus loin que la forme juridique; elle est profonde, elle n'est pas apparente et officielle.

On admet parfois que le degré de concentration créée une distinction entre les trusts et les cartells. L'exemple des cartells allemands que j'ai été à même d'observer ne révèle rien de caractéristique à cet égard.

En ce qui concerne d'abord la concentration commerciale, le degré est souvent le même. Beaucoup de cartells allemands ont un bureau de vente, *Verkauf Bureau*, seul intermédiaire entre la collectivité des fabriques associées et la clientèle. Du jour où une mine westphalienne entre dans le syndicat, elle perd le droit d'écouler directement son charbon, son coke, de traiter avec les acheteurs. Toute sa production doit être remise à la disposition du *Verkauf Bureau* qui la vend au mieux des intérêts des associés, au prix dont il est seul juge. Et ce n'est pas là une contrainte vaine, mais une obligation effective à laquelle aucune mine syndiquée ne se soustrait en fait. Le contrat de société prévoit, avec le luxe de détails dont les Allemands sont coutumiers, que les mines seront autorisées à conserver le charbon qu'elles consomment elles-mêmes pour leur exploitation, celui qu'il est d'usage de remettre gratuitement ou à un prix de faveur aux familles de leurs ouvriers, et le tonnage de la houille ainsi employé est fixé et vérifié avec soin [1].

Le *Verkauf Bureau* n'est pas un organe exceptionnel et spécial au syndicat westphalien. D'autres cartells en sont pourvus, et plusieurs ententes industrielles françaises ont aussi leur *comptoir de vente* qui correspond au *Verkauf Bureau*, tel le Comptoir métallurgique de Longwy, le Comptoir des poutrelles, le Comptoir des Salines de l'Est. En Allemagne, les cokes, les briquettes, l'ammoniaque de Westphalie, les sels de potasse de Stassfurt, les fontes, les poutrelles, les aciers demi-ouvrés, les tôles fines, les grosses tôles, les fils laminés et plusieurs autres spécialités métallurgiques, les glaces, etc., ont leur *Verkauf Bureau*.

Cependant beaucoup de cartells n'ont pas de bureau de vente et laissent leurs membres en rapports directs avec la clientèle. Mais, dans ce cas, le comité directeur fixe le prix auquel la vente aura lieu et le contingent de production de chaque usine. Aucun associé ne peut consentir des prix inférieurs ni encombrer le marché de

---

1. Voir Gruner et Fuster, p. 67, dans le texte du contrat passé entre le syndicat et chaque charbonnage, la partie intitulée : *Vente en commun et exceptions à ce régime*, § 1, articles 1 à 7.

ses produits; par suite la direction commerciale de son affaire lui échappe complètement; elle est concentrée entre les mains du syndicat.

En somme, l'existence d'un bureau de vente n'est pas la marque indiscutable d'un degré de concentration réelle plus avancé et certains syndicats très fortement organisés, ceux des locomotives ou des wagons, par exemple, sont, sur le marché national, aussi parfaitement maîtres de la vente de leurs produits que le syndicat westphalien, bien qu'ils ne possèdent pas de bureau de vente. C'est là un détail d'organisation intérieure, tenant à des circonstances spéciales, non une différence profonde. L'important n'est pas de savoir à qui les commandes doivent être adressées, mais à quel prix elles seront exécutées, et, pour ne pas faire baisser le prix, il faut pouvoir régler la production, empêcher l'encombrement du marché. Tant qu'on ne parvient pas à assurer ces deux points, tant que le fabricant reste maître de ses prix et de sa production, il il n'y a pas de cartell [1].

1. Les auteurs allemands établissent souvent des distinctions très nombreuses entre différents genres de cartells, tels que : *Produktionskartelle*, qui luttent contre la surproduction; *Gebietskartelle* qui attribuent à chaque usine une sphère déterminée pour l'écoulement de ses produits; *Preis-*

Ainsi la concentration commerciale est une condition indispensable de l'existence des cartells. Lorsque ceux-ci ont un bureau de vente en commun, elle est aussi complète, aussi apparente, aussi absolue que dans les trusts américains, et même là où les circonstances n'ont pas permis l'établissement d'un bureau de vente, elle ne laisse souvent pas plus de liberté à l'action individuelle des associés.

Ce n'est donc pas par le degré de concentration commerciale que les cartells diffèrent si profondément des trusts.

Est-ce par le degré de concentration industrielle? Au premier abord il semble que oui. En effet, toutes les usines qui entrent dans un trust dépendent d'une même direction; elles appar-

---

*kartelle*, qui fixent le prix de vente; *Kontingentierungenkartelle*, qui fixent à chaque usine son contingent de production; *Gewinnkontingentierungenkartelle*, qui établissent un partage de gains entre les associés. Ces distinctions tirent leurs noms de différents moyens employés pour atteindre le même but. Les conventions (*Konventionen*) se contentaient souvent, au début du mouvement, de poser quelques règles un peu vagues pour empêcher l'encombrement du marché; mais on sait aujourd'hui par expérience que tant qu'on n'emploie pas simultanément au moins deux des moyens indiqués plus haut, la détermination d'un prix de vente et d'un contingent de production, on n'arrive à rien. Dès lors ces distinctions perdent leur intérêt. Tous les cartells sont à la fois des *Preiskartelle* et des *Kontingentierungenkartelle*.

tiennent à une même société. Au contraire, celles qui font partie d'un cartell restent autonomes et maîtresses par conséquent, au moins en théorie, de leurs procédés de fabrication. Toutefois, cette différence nettement établie, indiscutable, reste très souvent absolument sans effet tant que le cartell existe, tant que le lien commercial n'est pas rompu.

Supposons, par exemple, que toutes les mines de houille dépendant du syndicat rhénan-westphalien ne forment plus qu'une seule société, qu'elles constituent un trust véritable, propriétaire de l'ensemble des puits. Ce fait produirait-il des résultats importants au point de vue de leur exploitation? On ne voit pas bien lesquels. Chaque mine conserverait forcément, en effet, son directeur, ses ingénieurs, distincts de ceux de la mine voisine. Elle n'échapperait pas aux conditions spéciales où elle se trouve pour la profondeur des puits, l'épaisseur de la couche de charbon, la nature du sous-sol au travers duquel se poursuivent les galeries, le danger plus ou moins grand du grisou, les facilités de ventilation, la quantité d'eau à pomper pour éviter l'inondation, etc., etc. Sa personnalité subsisterait, en un mot. Le lien commercial est à peu près le seul que l'on puisse établir entre des exploitations houillères forcément séparées les unes des autres. On le voit bien d'ailleurs à Saarebrück, ou en Silésie, où les mines *fiscaliche*, c'est-à-dire appartenant à l'État, sont très nombreuses. La vente de leurs charbons est entre les mains d'une seule administration qui règle souverainement la production de chacune d'elles, qui joue, par conséquent, le rôle du syndicat rhénan-westphalien, mais leur exploitation est confiée à des directeurs différents, qui ont à résoudre des problèmes différents suivant la nature des éléments qu'ils rencontrent.

Les choses ne se passent pas absolument ainsi lorsqu'il s'agit, non plus de mines, mais d'industries proprement dites, de fabrication. Il est plus facile de grouper des usines que des houillères sous une direction industrielle unique. Cependant, la séparation matérielle s'impose souvent, même lorsque l'entreprise dépend d'une seule société, même lorsqu'elle dépend d'un seul homme. M. Krupp, par exemple, est l'unique propriétaire de son affaire, et pourtant le développement de son industrie l'a amené à créer en dehors des fonderies et aciéries d'Essen, une série d'usines métallurgiques à Duisburg, à

Rheinhausen, à Magdeburg, à Kiel, sans parler des mines du Luxembourg, de Bilbao en Espagne, etc. En dehors du lien commercial absolu qui unit ces établissements les uns aux autres, puisqu'ils sont la propriété d'une même personne, je ne vois entre eux qu'un seul trait d'union vraiment industriel, c'est que tous profitent à la fois de la connaissance d'un procédé nouveau. La découverte faite dans l'un d'eux peut être immédiatement appliquée dans tous les autres, du moins quand ils se livrent à la même opération.

Cela n'a pas lieu entre des usines groupées pour la vente en commun de leurs produits. Elles sont indépendantes au point de vue industriel; chacune d'elles peut donc modifier comme il lui plaît ses procédés de fabrication, pourvu que la qualité des marchandises livrées au bureau de vente ne soit pas altérée par ce fait. Aucune n'est obligée non plus de faire participer les autres aux perfectionnements qu'elle découvre.

Mais supposons que l'une d'elles se trouve en possession d'un procédé encore secret et permettant de réaliser une économie sérieuse dans la fabrication, d'un procédé qui lui assure, par suite, un avantage certain sur toutes les autres. Imagine-t-on qu'elle demeurerait liée au bureau de vente! Évidemment non. Elle se retirerait du syndicat, même au prix d'un fort dédit, et attirerait à elle toute la clientèle en lui vendant meilleur marché, quoique avec bénéfice, des produits d'un prix de revient inférieur.

En pratique, les usines qui font partie d'un même syndicat travaillent dans des conditions analogues. C'est parce qu'on les sait bien dirigées, bien outillées, assurées d'une certaine clientèle, qu'on les y admet. C'est parce qu'elles ne possèdent aucun avantage décidé sur leurs concurrentes qu'elles y entrent. Détruisez cet équilibre et, par la force des choses, le syndicat cesse d'exister. Personne ne se soumet aux prescriptions très étroites d'une association de ce genre, personne en particulier ne consent à limiter sa fabrication, quand il peut écouler ses produits au détriment de ses concurrents.

Tant que le syndicat existe, c'est donc qu'aucune des usines qui y sont entrées n'a réalisé dans sa fabrication un progrès notable et resté secret. Un trust peut se trouver fortifié par une heureuse découverte, grâce à la concentration industrielle qui en fait bénéficier toutes les usines du trust, surtout s'il parvient à en dérober la connaissance au public. Un cartell est détruit par une aventure de ce genre par suite du manque de concentration industrielle. Mais entre un trust et un cartell *existants*, la concentration industrielle ne produit pas de différence caractéristique.

Et nous nous trouvons ramenés ainsi à nous demander où gît effectivement la différence de nature entre les trusts et les cartells.

Les trusts américains monopolisent en fait une industrie grâce à la rencontre de circonstances favorables exceptionnelles, auxquelles vient toujours se joindre un élément artificiel. Le trust du pétrole a dû ainsi sa naissance à la rareté des terrains pétrolifères, aux avantages considérables qu'offre la concentration industrielle pour l'opération de la raffinerie, puis à la complicité du *Pensylvania Railroad* avec l'aide duquel il a coupé les routes à ses concurrents. D'autres trusts, celui du sucre en particulier, ont dû en grande partie leur naissance à la législation douanière énergiquement protectrice des États-Unis. Et partout où on rencontre un trust américain véritable, monopolisateur d'une industrie, on découvre ainsi une influence artificielle du pouvoir de l'État, exercée soit par l'État lui-même, soit par des particuliers qui se sont emparés d'une fonction de l'État.

Voilà un caractère bien défini des trusts. Une partie de leur puissance est dérobée à la puissance de l'État. En est-il ainsi des cartells?

Je ne suis pas en mesure d'affirmer d'une manière absolue que c'est le cas pour tous les cartells allemands. Leur nombre est si grand qu'une erreur peut aisément se produire, mais en général l'influence de l'État se trouve parmi les causes de leur création.

Tantôt elle s'exerce au profit de l'ensemble de l'industrie par la protection douanière ; tantôt elle agit plus directement et favorise tel ou tel cartell spécial. Par exemple, le syndicat des fabricants de locomotives, celui des fabricants de wagons sont énergiquement soutenus par le ministère prussien des travaux publics chargé de la direction des chemins de fer. Le syndicat westphalien des charbons traite avec le même ministère, ce qui lui donne une consécration officielle et lui assure un très important débouché. Nous reviendrons plus en détail sur ce point quand nous étudierons les causes des cartells ; il nous suffit pour le moment de constater que, pour eux

comme pour les trusts, un élément extérieur à
l'industrie joue un rôle important. Les cartells
agissent presque toujours sur un marché artificiellement protégé; parfois même ils sont personnellement favorisés par l'État.

La différence caractéristique entre les trusts
et les cartells n'est donc pas encore dans l'intervention de l'autorité publique.

Ainsi ni la forme juridique, ni le degré de
concentration commerciale, ni le degré de concentration industrielle, ni l'action de l'État ne
révèlent entre les trusts et les cartells l'abîme
qui les sépare. C'est que tous ces éléments sont
utilisés par le trust pour une domination souve-
raine, unique, souvent oppressive, et par le
cartell pour la constitution d'une ligue. Le trust
est le triomphe de la concurrence victorieuse
avec un seul survivant après la lutte. Le cartell
est une trêve conclue entre des combattants qui
se reconnaissent sensiblement d'égale force. A
l'abri des barrières de douanes, sur une arène
circonscrite, le premier terrasse ses adversaires; le second les groupe. Dans les deux
cas il s'agit de se rendre maîtres de cette arène,
et souvent il arrive que les cartells comme
les trusts aboutissent à un monopole de fait,

monopole collectif il est vrai, mais monopole cependant.

Même alors ils diffèrent profondément. Le cartell assez puissant pour exercer un monopole reste ouvert à de nouveaux membres. Il n'est pas radicalement exclusif comme le trust. Celui-ci ne connaît qu'une seule alternative vis-à-vis des concurrents nouveaux qui peuvent se révéler : l'écrasement ou l'absorption. Il les ruine ou les achète et, pour les ruiner, il n'hésite pas à employer des manœuvres anormales, souvent déloyales. Fort de la puissance de ses capitaux, confiant dans sa bourse plus longue, *the longer purse*, il vend à perte aussi longtemps qu'il le faut là où un concurrent se dresse devant lui; il barre la route aux produits d'une usine rivale en agissant sur les compagnies de chemins de fer; il dissimule habilement sous le couvert d'une disposition générale la mesure législative qui lui assurera un avantage particulier au détriment de ceux qu'il veut jeter à bas. A cet effet il a ses hommes de loi pour rédiger les textes et ses législateurs aussi pour les voter. On sait les scandales bruyants auxquels fut mêlé le *Sugar trust* au moment du vote du tarif Dingley par le Sénat américain.

Ces agissements sont interdits aux cartells. Ces êtres collectifs, nés d'un besoin réciproque de sécurité, de protection mutuelle, n'ont ni l'ambition ni la hardiesse nécessaires pour engager avec un concurrent sérieux une guerre au couteau, pour jouer le jeu dangereux de la plus longue bourse. C'est pour échapper à ces luttes fratricides, non pour les recommencer sous une autre forme, que les cartells se constituent. Quant à abuser dans leur intérêt particulier, contre un concurrent allemand, de l'autorité de l'État, cela leur est difficile aussi parce que la protection dont ils jouissent est assurée à tous leurs compatriotes. Les législateurs auxquels ils ont affaire ne sont pas si corrompus que ceux de Washington ou des législatures locales des États-Unis, et, d'autre part, l'exploitation des grandes lignes de chemins de fer par les États souverains, le contrôle exact des autres, coupe court aux avantages frauduleux souvent accordés aux trusts par les compagnies de chemins de fer américaines.

Aussi lorsque surgit en Allemagne, à côté d'un syndicat puissant, une exploitation *sauvage* (*wilde*), étrangère à ce syndicat, mais faisant preuve de vitalité, assurée d'un avenir sérieux, elle n'est pas frappée d'ostracisme; tout au contraire, le syndicat lui ouvre ses portes. C'est même une éventualité prévue par certains statuts, ceux du syndicat rhénan-westphalien des houilles, par exemple. L'article 13, titre **A**, du contrat passé entre le syndicat et chacun des charbonnages adhérents mentionne l'*admission de nouveaux membres* parmi les questions sur lesquelles doivent statuer les assemblées des propriétaires de charbonnages [1]. Plusieurs autres cartells dont les statuts restent ignorés du public pratiquent aussi cette même politique. Elle est de leur essence comme la politique contraire est de l'essence des trusts. Ils ne peuvent vivre que de l'union des producteurs nationaux, et nous verrons que l'opération préliminaire à la constitution de tout cartell dans une région et une industrie déterminées est l'adhésion d'une très forte proportion — au moins 90 p. 100 en général — des exploitants de cette industrie et de cette région. Une fois le cartell établi, il faut encore que cette proportion se maintienne pour qu'il dure; il faut par conséquent qu'il fonctionne dans des conditions telles que les étrangers

----

1. Voir l'ouvrage déjà cité de MM. E. Gruner et E. Fuster, p. 66.

puissent venir à lui sans dommage pour eux
ni pour lui, en sorte que la modération dans
les exigences est une nécessité qui s'impose à
tout cartell.

En somme, le cartell est une association de
producteurs par laquelle ceux-ci s'entendent
ensemble pour limiter la concurrence qu'ils se
font. C'est une ligue d'alliés dans laquelle
chacun conserve une certaine liberté d'action,
mais s'interdit l'usage de certaines armes contre
les autres. C'est un tempérament plus ou moins
accentué à la lutte économique. Le trust, au
contraire, est le résultat d'une lutte à mort. L'un
est la solution allemande, l'autre la solution
américaine d'un problème posé en Allemagne
comme en Amérique par le régime industriel
moderne, mais accompagné dans chacun de ces
deux pays de circonstances absolument différentes. Ces deux solutions sont aussi éloignées
l'une de l'autre que l'état économique, politique
et social de l'Empire allemand est éloigné de l'état
économique, politique et social de la République
américaine. Elles n'ont pas la même nature.

Le contraste s'affirmera d'ailleurs à mesure
que nous analyserons dans le détail les causes,
l'organisation et les effets des cartells allemands.

## II. — Les causes des cartells.

C'est toujours pour combattre l'avilissement des prix résultant d'une concurrence désordonnée que les cartells se fondent. Ils naissent d'ordinaire à une période de crise, quand les fabricants, obligés d'écouler leur stock à n'importe quel prix ou d'accepter des commandes dans n'importe quelles conditions, en viennent à se demander s'il ne vaut pas mieux pour eux cesser toute exploitation que continuer à travailler à perte. Sous la pression de ces circonstances critiques, ils acceptent des limitations à leur liberté qui leur auraient paru inadmissibles en temps normal. D'autres fois, plus rarement, le cartell est préventif et se conclut pour parer à une crise redoutée, imminente; mais, dans un cas comme dans l'autre, il combat l'avilissement des prix de vente, soit en les relevant, soit en les maintenant.

On dit couramment que la cause des cartells se trouve dans la surproduction. La formule est brève, ce qui a assuré sa fortune, mais elle est inexacte. Il n'y a jamais, en Europe du moins, surproduction de locomotives et de wagons, par exemple, parce que jamais en Europe on ne fabrique de locomotives ou de wagons qui n'aient été expressément commandés par une compagnie de chemins de fer. On ne fait même pas comme dans les grandes usines américaines, chez Baldwin à Philadelphie, par exemple, où des parties de locomotives, prêtes à être montées au fur et à mesure des commandes, sont exécutées d'avance et gardées en magasin. L'extrême variété des modèles demandés, les constantes modifications opérées par les ingénieurs des compagnies s'opposent à cette pratique. Pas plus en Allemagne qu'en France, on ne peut travailler pour le stock dans cette industrie. Jamais par conséquent le marché n'est encombré de locomotives ou de wagons, et pourtant il existe en Allemagne deux cartells de fabricants de locomotives et deux cartells de fabricants de wagons.

Mais ces cartells ont la même cause constitutive que ceux qui sont nés de la surproduction dans les industries travaillant pour le stock. Ils luttent par l'union des producteurs contre l'avilissement des prix.

« Après 1871 et l'accomplissement de l'unité allemande, me dit le directeur d'une grande fabrique de locomotives hanovrienne, la question du rachat des chemins de fer appartenant à des compagnies privées s'est vite posée, mais, bien entendu, elle n'a pas été résolue de suite et, pendant tout le temps qu'elle a été en discussion, les compagnies qui savaient devoir être rachetées ont réduit leurs commandes au strict minimum. Après le rachat, une période de recueillement, très peu active aussi, s'est ouverte. L'État voulait se rendre compte de sa nouvelle acquisition, étudier la question, et commandait fort peu. De là une dépression très marquée dans notre industrie. Ici, par exemple, elle s'était fait sentir si gravement que nous avions dû réduire de 2 000 à 500 ouvriers notre personnel de fabrication de locomotives. » Avant d'en arriver à cette extrémité, on avait fait, dans cette usine comme dans les autres, toutes les concessions possibles pour obtenir des commandes, pour les enlever aux concurrents à force de bon marché. Et les prix baissaient toujours, ne laissant plus aux industriels la marge suffisante pour aucun bénéfice; il fallait, coûte que coûte, réduire la production.

La situation économique avait ainsi préparé le terrain pour la création du cartell. Il n'était pas besoin de raisonnements pour prouver aux fabricants de locomotives la nécessité d'une diminution de leur activité. D'eux-mêmes, sous un régime de complète liberté, ils avaient dû s'y soumettre. Il s'agissait simplement de rendre le sacrifice efficace et de relever par une entente commune les prix continuellement abaissés par l'effet d'une concurrence désespérée. Il fallait bien se résoudre à produire moins, mais on pouvait s'arranger pour ne pas produire à perte.

C'est dans ces circonstances que les syndicats furent créés, l'un, le plus puissant, celui du Nord, groupant les usines de la région desservie par les chemins de fer prussiens ; l'autre, celui du Sud, composé de cinq maisons seulement, situées dans le grand-duché de Bade, le Wurtemberg, etc. En fait, les deux syndicats ne vont pas sur les brisées l'un de l'autre, de telle sorte que l'entente est complète sur toute la surface de l'Empire.

La construction des wagons avait traversé une crise analogue pendant la période de 1871 à 1880, et pour les mêmes raisons. Le syndicat des fabricants de wagons du Nord se constitua dès 1877 sous la forme d'une *convention*. Il eut pendant plusieurs années une existence difficile ; puis, devenu plus fort vers 1890, il prit corps dans une société à responsabilité limitée. De même que pour les locomotives, un syndicat s'est formé aussi dans le Sud avec les fabriques de wagons de Stuttgart, Mannheim, Nuremberg, Carlsruhe. Mais il existe un certain nombre de fabriques *sauvages* soit dans le Nord, soit dans le Sud. L'énorme développement du trafic depuis plusieurs années, la création d'un grand nombre de chemins de fer vicinaux appartenant à des compagnies privées, et dont la clientèle reste en dehors de l'entente, ont amené l'établissement de nouvelles fabriques de wagons. La plupart du temps, ce sont des usines métallurgiques déjà existantes qui ont tourné leur activité de ce côté-là. Des constructeurs de machines, de ponts en fer, se sont mis à faire le wagon, comme la maison Harkort, de Duisbourg. Un membre du syndicat du Nord estime que douze grandes fabriques de wagons se sont constituées en Allemagne depuis trois ou quatre ans, et qu'environ huit d'entre elles sont destinées à disparaître à la première crise grave. Le syndicat en a admis plusieurs depuis sa fondation ; comme le syndicat des houilles, il n'a pas le farouche exclusivisme d'un trust ; il exige seulement que l'usine qui sollicite son admission ait marché pendant

quelque temps parallèlement au syndicat, qu'elle
se soit créé une clientèle, en un mot, qu'elle ait
fait ses preuves.

C'est actuellement une simple mesure de pré-
caution pour l'avenir. Les membres du cartell
ne veulent pas augmenter leur nombre d'une
manière inconsidérée et compromettre ainsi leur
prospérité future. Il faut qu'au jour de la dépression industrielle qui arrivera fatalement, les
usines syndiquées ne soient pas obligées de
réduire beaucoup leur production en la répartis-
sant sur une foule d'associés; mais pour le
moment aucune difficulté ne se présente, car la
demande de wagons dépasse les possibilités de
la fabrication. Il en est de même pour les locomotives d'ailleurs, et le résultat de cette situation est que les syndicats de locomotives comme
de wagons n'agissent pas depuis l'ouverture de
la période des « vaches grasses ». Souvent, je
me suis heurté à cet obstacle dans l'enquête que
je poursuivais en 1899 et au début de 1900 :
les industriels, désireux de rester fidèles à la
politique du secret, surtout vis-à-vis d'un
étranger, avaient un excellent prétexte pour
échapper à mes questions. « Comment partagez-
vous les commandes entre les membres du car-

tell? » demandais-je à un directeur de l'usine Schwartzkopf, à Berlin. — « Mais nous les donnons à qui peut les exécuter! Nous ne pouvons pas suffire! — Oui, sans doute, en ce moment, mais cela est exceptionnel, et en temps ordinaire, surtout aux époques de dépression, vous êtes bien obligés de procéder à un partage, souvent même d'imposer des réductions de pro duction? — Oh! quand la crise viendra, nous verrons comment nous y prendre pour la combattre, mais actuellement il ne s'agit pas de cela, et je ne puis vous donner aucune information précise, certaine, sur les moyens que nous emploierons dans d'autres circonstances. »

Il y a toutefois une conclusion à tirer de ces renseignements négatifs. Si les cartells restent sans effet, s'ils continuent d'exister, mais sans fonctionner réellement, dès que les commandes affluent, dès que la demande dépasse l'offre, c'est que la cause pour laquelle ils sont créés disparaît. Elle disparaît en effet, puisque l'excès de la demande combat mieux qu'aucun cartell l'avilissement des prix. Ainsi l'observation des cartells aux époques de prospérité industrielle confirme les conclusions tirées de leur observation aux époques où ils se fondent.

C'est donc, en somme, un malaise commun, une crise industrielle existante ou imminente, qui rapproche des concurrents alarmés et les pousse à s'associer en cartells. Telle est la cause originelle, celle qui rend les cartells désirables pour les intéressés.

Il reste à les rendre possibles, et nous verrons dans quelles conditions ils fonctionnent en Allemagne, en étudiant leur organisation intérieure. Toutefois, il nous faut signaler auparavant deux causes extérieures qui ont puissamment favorisé leur fondation.

Je ne m'étendrai pas sur la première, celle des tarifs protecteurs qui ferment en pratique le marché allemand à certains produits. On comprend aisément comment ils agissent et que le fait d'écarter tout d'abord la concurrence étrangère avance beaucoup la besogne des cartells qui cherchent à diminuer la concurrence.

La seconde est beaucoup plus caractéristique. Elle est essentiellement allemande. Elle est surtout prussienne. C'est l'appui formel ou tacite de l'État.

De tout temps l'État prussien a été bon ménager de sa fortune et très soucieux des intérêts matériels de ses sujets. Sa politique de con-

quête exigeait une bonne armée et un trésor bien
pourvu, et, dans un pays naturellement pauvre,
il fallait s'ingénier à développer les forces pro-
ductrices pour pouvoir prendre sur le contri-
buable de quoi alimenter ce trésor. Les rois de
Prusse ont travaillé infatigablement à cette
tâche. Ceux que leur penchant naturel ne prédis-
posait pas à la remplir y étaient inclinés par
l'éducation, puis poussés par l'ambition. Tel le
grand Frédéric que son père envoyait visiter la
Poméranie et s'enquérir des progrès à apporter
dans la culture du sol, quand il lui demandait la
permission de voyager; plus tard, devenu souverain à son tour et ambitieux d'agrandissements,
il savait lui aussi veiller au développement matériel de son royaume pour s'assurer de bonnes
finances.

Cette tradition s'est continuée jusqu'à nos jours
comme la politique à laquelle elle sert de base.
Elle se manifeste de deux façons, d'abord par le
soin apporté à l'exploitation du domaine de l'État,
soit dans les fermes, soit dans les mines *fisca-
lische*, puis par une sollicitude active du gouvernement pour l'avancement matériel de la nation,
par une sorte de politique économique à la Col-
bert. Qu'il s'agisse de chemins de fer, de canaux,

de routes, de ports, de fleuves à régulariser ou à approfondir, de protection à assurer à une industrie, l'État est toujours prompt à servir les intérêts qui prennent naissance ou à soutenir les initiatives qui s'accusent. Il le fait avec le paternalisme un peu étroit et de vues forcément courtes qui est inhérent au système; mais il le fait généralement avec suite, ce qui lui permet du moins de recueillir les avantages qu'il en attend.

Les cartells, ayant pour objet de mettre une industrie nationale à l'abri d'une dépression, de lui faire traverser des temps difficiles, étaient assurés de la faveur d'un gouvernement animé de ces dispositions générales. Elle ne leur a pas manqué. Dès la constitution définitive du syndicat des houilles, en 1893, M. de Thielen, ministre des chemins de fer, prenait sa défense à la tribune contre les attaques dont il était l'objet; depuis lors, presque chaque année, la discussion du budget est l'occasion de nouvelles attaques de la part des adversaires du syndicat, d'une nouvelle manifestation en sa faveur de la part du gouvernement. On reproche au syndicat de produire une hausse artificielle des charbons, par suite de grever abusivement le budget des chemins de fer; à quoi les orateurs officiels répondent que le syndicat a été conçu dans « une pensée de modération », qu'il a « eu pour but de combattre les hausses excessives de prix comme leur avilissement fâcheux ; qu'il vise à réaliser une certaine stabilité des prix et des salaires et à assurer ainsi une existence plus sûre à une population d'un million de personnes » ; enfin que « le plus grand consommateur et le plus grand producteur ont à tenir compte l'un de l'autre[1]. » En fait, l'État prussien a reconnu de suite officiellement l'existence du syndicat des houilles et n'a jamais cessé de traiter depuis lors directement avec lui pour la fourniture des combustibles à ses chemins de fer. Le syndicat s'est trouvé ainsi consacré par la reconnaissance de l'État et fortement soutenu par la fidélité de ce client de première importance. Les marchés à long terme qu'il passe d'ordinaire sont même pour lui une garantie de durée ; le contrat qui le lie actuellement aux chemins de fer prussiens a été conclu au mois de décembre 1899[2] et s'étend jusqu'au 30 juin 1901 ; les deux précédents avaient été établis pour une durée d'une année chacun. Non

1. Discours de M. de Thielen cités par MM. E. Gruner et E. Fuster dans l'*Aperçu historique sur les syndicats de vente de combustibles dans le bassin rhéno-westphalien*, p. 82.
2. Voir *Kölner Tageblatt* du 23 décembre 1899.

seulement l'État s'adresse à lui, mais il le considère comme une institution durable et il lui assure une certaine durée en s'engageant à lui conserver sa clientèle pendant d'aussi longues périodes.

L'action du gouvernement prussien a été plus directe et plus décisive encore sur la constitution du cartell des fabricants de locomotives du Nord. Bien que les statuts de cette organisation soient gardés secrets et que ses membres se montrent peu enclins aux confidences, il y a pourtant deux points sur lesquels tous les témoignages sont concordants : le premier c'est que le partage des commandes se fait au ministère même des travaux publics, dont dépendent les chemins de fer ; le second, que ce partage a lieu d'une façon régulière depuis l'entrée au ministère du ministre actuel, M. de Thielen, et seulement depuis cette époque. Ici, le syndicat n'a pas été seulement favorisé, on peut dire qu'il a été créé par l'État. Et il ne s'étend pas en dehors des limites de l'État prussien : en effet le syndicat du Nord est distinct de celui du Sud, comme nous l'avons déjà dit ; la Prusse réserve ses commandes de locomotives aux usines du royaume, et les autres États possesseurs de chemins de fer (Saxe, Wurtemberg, Bade, Bavière) donnent les leurs au syndicat du Sud, mais de préférence aux usines situées sur leur territoire. Toutefois, le syndicat du Sud ne paraît pas avoir la même cohésion que celui du Nord; ses membres louent avec des soupirs d'envie la régularité des commandes introduite en Prusse par M. de Thielen et se plaignent d'être moins bien traités : « L'État badois a commandé dernièrement en une seule année cent locomotives, me dit le directeur de la *Carlsruhe Maschinenbau Gesellschaft*; c'est juste le double de ce que nous pouvions fabriquer avant nos agrandissements actuellement en cours, et nous sommes la seule fabrique de locomotives du grand-duché! Forcément, la moitié de la commande nous a échappé. » Le syndicat du Sud l'avait recueillie, du moins, mais en 1899, la Bavière a donné le scandale de faire fabriquer des locomotives en dehors du territoire de l'Empire allemand, en Belgique, le syndicat n'étant pas en mesure de les fournir dans les délais nécessaires.

On le voit, l'existence et la prospérité des deux syndicats de fabricants de locomotives dépendent étroitement des pouvoirs publics. Celui du Nord ayant affaire à un seul État, à un État bien

administré financièrement, à un ministre prévoyant et stable, est parvenu à une régularisation
marquée dans les commandes ; par suite, il arrive
à les exécuter toutes dans les moments de
presse et à conserver une certaine activité aux
époques de dépression. Le syndicat du Sud
est dans une situation beaucoup moins favorable ; il dépend de plusieurs gouvernements, de
gouvernements moins riches et auxquels il est
plus difficile, par conséquent, de commander par
avance en vue de besoins futurs. Il faut des ressources accumulées pour pratiquer la prévoyance
de cette façon. Quand un ministre des chemins
de fer demande une augmentation de matériel
pour parer à l'augmentation du trafic, le ministre
des finances, préoccupé de l'équilibre de son
budget, discute pied à pied avec lui, réduit au
strict nécessaire immédiat les commandes à faire,
et prépare ainsi une crise. Celle-ci se produit
lorsque, l'activité industrielle et commerciale
éprouvant une heureuse poussée, les moyens de
transports deviennent tout à coup visiblement
insuffisants. Alors, en présence de cette crise, le
ministre des travaux publics réclame avec une
énergie croissante une augmentation considérable de matériel, et son collègue des finances,

voyant les recettes des chemins de fer hausser, sachant d'ailleurs que le nouveau matériel impatiemment attendu en forcera immédiatement le chiffre, n'a plus de motifs d'opposition. De là les commandes subites et disproportionnées à la puissance de fabrication de l'industrie nationale. Il est clair que les cartells de fabricants de locomotives ne peuvent avoir aucune action décisive sur les mesures qui préviennent ces éventualités. Il ne dépend pas d'eux que l'État, possesseur du chemin de fer pour lesquels ils travaillent, soit plus ou moins riche, plus ou moins sagement administré. Ce sont eux qui dépendent de sa prospérité financière et de la sagesse de son administration.

Leur dépendance est d'autant plus étroite que la clientèle des chemins de fer d'État est en fait la seule dont ils s'occupent. Le syndicat du Nord comme celui du Sud laissent de côté la clientèle étrangère et même celle des petits chemins de fer privés. Les fabriques syndiquées ont donc le droit de vendre des locomotives au prix qui leur plaît, soit pour l'exportation, soit pour les compagnies particulières allemandes. « Au moment où nous avons fondé le syndicat, me dit le directeur de l'une d'elles, les chemins de fer non rachetés par l'État avaient chez nous peu d'importance, nous les avons laissés de côté. » C'est bien possible, en effet, mais à supposer qu'on voulût les faire entrer dans la sphère d'action du syndicat, ce ne serait peut-être pas aisé; en tous cas le problème se présenterait tout différemment de ce qu'il est aujourd'hui; il faudrait que les fabriques se liguassent contre les compagnies leurs clientes; jusqu'ici, au contraire, c'est leur client, l'État, qui a servi en quelque sorte de trait d'union entre elles.

La situation des syndicats de fabricants de wagons est sensiblement la même, bien que d'après les renseignements qui m'ont été fournis par des industriels du Nord syndiqués, le partage des commandes de wagons soit fait non pas au ministère même, mais par le bureau du syndicat, ce qui indiquerait une action moins directe de l'État. Celle-ci est, en tout cas, assez puissante pour maintenir les syndicats formés comme ceux des locomotives uniquement en vue de la clientèle des chemins de fer d'État, abandonnant au jeu de la libre concurrence celle de l'étranger et des compagnies particulières.

Au surplus, le syndicat des fabricants de wagons du Nord se sent assez l'obligé du gouvernement prussien pour lui marquer sa reconnaissance à l'occasion. Une personne très bien placée pour le savoir m'a affirmé que l'usine de construction de wagons récemment créée à Dantzick l'avait été sur un désir formellement exprimé par l'Empereur. Le port de Dantzick a beaucoup perdu depuis que le traité de commerce avec la Russie permet plus facilement l'introduction des blés russes. Ceux-ci entrent surtout par chemin de fer, tandis que l'approvisionnement des provinces de l'Est se faisait autrefois par la Baltique et le port de Dantzick. De là une c se chronique de chômage tendant à éloigner de cette partie pauvre de l'Empire une population qui y trouvait naguère du travail. Et comme c'est une préoccupation constante de l'État prussien d'amener un développement de l'industrie dans ces provinces déshéritées, l'Empereur aurait demandé au syndicat des fabricant de wagons d'établir une usine à Dantzick.

Voilà donc trois industries, et non parmi les moindres, dans lesquelles l'existence des cartells a été favorisée, soutenue ou déterminée par l'État. Sans doute, il y a là un cas particulier, puisque ce sont des industries ayant l'État comme premier client, mais une foule d'autres

travaillent aussi pour lui. Je ne mentionne pas
ici l'artillerie et la construction navale restées
le privilège d'un nombre très restreint de puissantes maisons ; mais l'État achète des rails, des
éclisses, des traverses métalliques pour l'établissement de ses voies, des essieux montés, des
bandages pour ses ateliers de réparation, des
fers profilés, des poutrelles, des tôles grosses et
fines, des blocs laminés bruts, des fils de fer,
des tuyaux en fer, des briques réfractaires, etc.,
etc., pour l'infinité de travaux qu'il fait exécuter
en régie par ses agents civils et militaires, et
tous ces produits sont l'objet de cartells avec
lesquels l'État traite officiellement, d'autant plus
qu'un certain nombre d'entre eux ont un bureau
de vente.

Ainsi beaucoup d'industries, sans avoir le
caractère d'industries d'État, ont reçu du gouvernement prussien un appui sérieux pour le
maintien de leurs cartells. Non seulement l'autorité publique n'a pas cherché à entraver ce
mouvement, mais elle l'a favorisé, elle semble
y avoir vu comme un prolongement de la politique protectionniste, une ligue formée par
l'industrie nationale pour diminuer autant que
possible la concurrence intérieure et la mieux

garantir contre la concurrence extérieure. Cette disposition bienveillante a beaucoup contribué au développement des cartells allemands. Et c'est un contraste saisissant que cette sollicitude des pouvoirs publics allemands pour les cartells, opposée aux efforts de la législation américaine contre les trusts.

Il nous faut examiner maintenant dans quelles conditions les cartells ont pu venir à la vie. Ni le désir très vif de tous les intéressés de diminuer l'âpreté de la lutte économique, ni la barrière protectrice des douanes, ni la faveur du gouvernement n'auraient suffi à les créer. Ils se sont constitués dans certaines industries et ils ont échoué dans d'autres où on avait fait les mêmes efforts pour les établir. L'étude de leur organisation nous apprendra à quelles causes ont tenu ces succès et ces échecs, quels éléments sont nécessaires pour qu'un cartell puisse fonctionner.

### III. — L'organisation des cartells.

Tout d'abord, il faut que les membres d'un cartell puissent établir pour leurs produits des prix uniformes de vente. C'est là une opération essentielle; c'est le but même de l'entente. Et il n'est pas toujours possible de l'atteindre.

Dans l'industrie textile, par exemple, les tisseurs de coton n'ont jamais pu arriver à s'unir en cartell, à cause de la difficulté à peu près insurmontable de la fixation des prix. Il y a un trop grand nombre de produits différents, d'une comparaison difficile, et l'influence de la mode amène à chaque saison des créations nouvelles, éphémères, imprévues. Elles paraissent et disparaissent avec une telle rapidité qu'elles échappent à toute réglementation. Les tisseurs que j'ai eu l'occasion d'interroger se plaignent amèrement du désavantage qui en résulte pour eux. Ils le ressentent d'autant plus que les filateurs auxquels ils achètent leur matière première, les filés de coton, ont un cartell et maintiennent leurs prix de vente avec succès. Ainsi ils subissent l'effet du cartell des filateurs sans pouvoir eux-mêmes se constituer en cartell.

Cette situation n'est pas unique. Il arrive assez souvent que les matières premières ou demi-ouvrées se prêtent aux ententes, et que les produits fabriqués dans la composition desquels elles entrent ne s'y prêtent pas. Dans la métallurgie, les fontes, les aciers demi-ouvrés, les tôles, le fil de fer, etc., sont en Allemagne l'objet de cartells puissants; je ne crois pas qu'il en existe pour les poêles de fonte, les fourneaux, la coutellerie d'acier, la quincaillerie et l'ensemble de ces industries qui fournissent directement à la clientèle des objets utilisables tels quels. Surtout dès que le produit fabriqué a un certain caractère de luxe ou de fantaisie, dès que, par suite, la variété s'y introduit, il échappe aux tentatives de cartells, parce qu'il devient pratiquement impossible d'y fixer une série de prix. Un fabricant de dentelles, de coton de Barmen m'en a fait la remarque : « Nous sommes une spécialité sans doute, mais une spécialité de fantaisie, soumis à tous les caprices de la mode. C'est pourquoi nous n'avons jamais pu nous syndiquer. » Mêmes observations à Berlin dans un grand atelier d'apprêt de papier, gravure, etc., qui emploie chaque année des tonnes de papier et de carton bruts : « Les fabricants de papier peuvent se syndiquer, au moins pour les qualités courantes, me dit-on, mais nous ne le pouvons pas, nous faisons trop d'articles variés et nous les modifions sans interruption. Tenez, voici un menu avec en tête doré, ornements polychromés; nous le vendons

400 marks le mille; qui peut savoir s'il en vaut 300 ou 500? Qui peut estimer la valeur comparative de deux dessins, dont l'un a la faveur du public et fait recette, dont l'autre ne trouve pas d'acheteur? Qu'importe là-dedans le prix de revient, à supposer qu'il soit facile et qu'on ait le temps de le calculer? »

Même lorsque le caractère de fantaisie et de mobilité fait défaut, il suffit souvent d'une grande variété de formes et de qualités pour rendre impossible l'établissement d'une base de prix et par conséquent pour empêcher le cartell. Assurément le fer marchand n'est pas un produit de fantaisie; cependant l'essai qui a été fait en Allemagne d'un syndicat du fer marchand n'a pas réussi parce que la réglementation des prix était trop difficile sur des fers ronds, carrés, de qualités, de formes, de dimensions différentes. Les usines de briques réfractaires sont syndiquées. Mais seulement pour la qualité ordinaire, la seule dont on puisse efficacement fixer le prix; impossible de réglementer la vente des briques vernissées et des différents objets de terre cuite que produisent ces usines. Il y a là aussi trop de variété. En fait, le syndicat a une influence directe sur la vente de ces objets parce qu'ils sont en quelque sorte sous la dépendance industrielle de la brique réfractaire ordinaire. C'est celle-ci qui a la plus grosse demande, qui fait marcher l'usine et, comme c'est un produit sensiblement uniforme, le syndicat peut l'atteindre.

L'uniformité du produit est si nettement favorable à l'existence des cartells que certaines spécialités bien déterminées et peu importantes ont pu réussir à se syndiquer. Il y a un cartell des étoffes de pansement (*Vereinigung der deutschen Verbandstoff Fabriken*); il y en a un, et très énergiquement constitué, pour les doublures de satin de Chine. Les fabriques d'étoffes de parapluies, les filatures de crin (*Rosshaarspinnereien*) se sont, elles aussi, réunies en cartells.

Une première condition est donc nécessaire pour qu'un cartell s'organise; c'est qu'il soit possible de fixer le prix des produits qu'il a pour objet. La fantaisie, la mobilité, la variété sont autant d'éléments défavorables à cette opération. C'est pourquoi nous voyons les grands cartells se former d'ordinaire dans des industries à produits uniformes. Parmi ces produits, les uns n'ont reçu qu'un commencement de transformation, comme les charbons, les cokes, les fontes

brutes, les filés de coton, les cartons; les autres
ont bien reçu leur transformation définitive,
mais alors la sphère du cartell se rétrécit au
point de ne plus agir, par exemple, que sur des
étoffes de pansement et des doublures de satin
de Chine.

Ainsi l'uniformité du produit contribue à
déterminer la sphère du cartell. Les grands
cartells, ceux du charbon, du coke, des fers et
des fontes portent surtout sur des matières premières ou demi-ouvrées, parce qu'il est rare
qu'un produit atteigne le consommateur sous
une seule forme.

Toutefois l'uniformité du produit n'est pas le
seul élément qui agisse pour déterminer la
sphère du cartell. Les raffineurs de sucre allemands ont longtemps cherché à se syndiquer
sans pouvoir y parvenir; le produit qu'ils livrent
au public est pourtant susceptible de peu de
variété, et les différentes sortes de sucre sont
facilement comparables entre elles; rien de
moins compliqué, par conséquent, que de fixer
une base de prix pour les diverses qualités
fabriquées. Mais l'obstacle se trouvait ailleurs.
C'était un obstacle spécial à l'Allemagne, du
reste, car l'industrie de la raffinerie est mono-

polisée aux États-Unis, fortement syndiquée en France et en Autriche. C'est que, dans ces derniers pays, le consommateur plus délicat tient à une qualité de sucre que seules les raffineries peuvent produire. En Allemagne, au contraire, la clientèle, moins recherchée dans ses goûts, se contenterait volontiers du sucre blanc que les sucreries peuvent aisément fabriquer avec une installation peu importante. Le cartell du sucre n'a donc pu se constituer qu'en englobant avec les raffineries, les sucreries elles-mêmes, opération d'autant plus compliquée que beaucoup de ces sucreries sont des associations de propriétaires, parfois de petits propriétaires, et qu'une grande combinaison financière les effrayait.

Il n'y a là en somme qu'un cas particulier, d'un phénomène général. Quand un cartell s'est formé dans une industrie, quand il a fixé son prix de vente, le problème n'est pas résolu ; il faut encore qu'un produit équivalent, répondant au même usage, ne puisse pas lui faire une concurrence victorieuse. Ici, c'est le sucre blanc qui menace le sucre raffiné ; ailleurs, c'est le gaz, la bougie, l'huile de colza, l'électricité, qui menacent le pétrole ; le bois de construction qui menace les poutrelles ; le pétrole qui menace le charbon pour le chauffage des chaudières à vapeur, etc., etc. Il ne suffit donc pas de s'entendre entre producteurs d'un même objet pour en fixer le prix, il faut encore tenir compte de la concurrence possible des produits susceptibles de lui être substitués.

Ajoutons que pour être viable le cartell doit réunir la presque totalité d'une industrie. Ceux qui président à sa création estiment d'ordinaire qu'il faut un nombre d'adhésions représentant les neuf dixièmes de la production totale pour l'établir avec chance de succès. Tant que cette proportion n'est pas atteinte, le régime de la liberté entière est préférable à une entente incomplète. Les négociations pour la formation du cartell du sucre ont été aussi entamées, abandonnées et reprises bien des fois au cours de ces dernières années; généralement, les raffineurs adhéraient promptement et presque unanimement, mais les fabricants de sucre, moins intéressés au succès de l'entreprise, moins persuadés de ses avantages, ne se joignaient pas à eux en nombre suffisant. C'est seulement au mois de mai 1900[1] que le chiffre voulu d'adhé-

1. On a même groupé 98 p. 100 des sucreries; le chiffre est mentionné dans la formule d'adhésion définitive publiée

sions a pu être réuni. L'histoire de tous les cartells débute par des difficultés de ce genre [1].

Et elles se lient très étroitement à d'autres difficultés. Tous les industriels fabriquant un produit se syndiqueraient bien volontiers pour maintenir ou relever le prix de ce produit, si on ne leur demandait aucun sacrifice en échange de cet avantage, mais nous savons déjà qu'on leur demande un sacrifice important. Pour mieux vendre il faut moins produire, ou s'il s'agit d'industries travaillant seulement sur commande, il faut renoncer à arracher les commandes en consentant des prix inférieurs, c'est-à-dire encore se résigner à moins produire.

Sur le principe général on est toujours d'accord. Tout le monde applaudit l'orateur du comité d'initiative quand il démontre, chiffres en mains, les déplorables effets de la surproduction ou l'abaissement fatal des prix résultant d'une concurrence désordonnée alors que les commandes se font plus rares. Tout le monde reconnaît le phénomène économique, mais la

par la *Gazette de Magdebourg*. (Voir, dans *la Réforme économique* du 20 mai 1900, l'article de M. V. Didier sur *le cartell sucrier allemand*.)

1. Voir notamment les tentatives successives faites pour les cokes et les charbons en Westphalie (Gruner et Fuster).

plupart des industriels récriminent quand on leur propose l'application du remède à leur usine. C'est la question du partage qui se pose. A quel nombre annuel de tonnes de houille se réduira telle mine? Quelle proportion sera accordée à telle fabrique dans les commandes de locomotives ou de wagons? Quelle quantité de fonte, de tôle, de rails, de poutrelles, sera assignée à telle usine? Là-dessus les discussions sont inévitables, et on ne peut les terminer que par des transactions, car aucune règle précise et absolue n'existe pour les trancher.

Ce n'est pas que la formule fasse défaut : neuf fois sur dix, les industriels syndiqués que j'interrogeais sur la base du partage qu'ils font entre eux me répondaient : « Chacun est traité d'après la puissance de production de sa mine ou de son usine (*leistungfähigkeit*) ». Au premier abord, cette formule est satisfaisante, comme toutes les formules; à la réflexion, on s'aperçoit bien vite qu'elle écarte la difficulté sans la résoudre. « La puissance de production d'une usine n'est pas en réalité une base possible de partage, me dit un fabricant de wagons des provinces rhénanes. D'abord, elle est variable. Je construis 200 wagons par an, mais il ne m'est pas difficile d'augmenter mes ateliers et d'en construire le double. C'est une question de mise de fonds. Et puis, ce qui importe ce n'est pas de fabriquer, mais de vendre et de vendre à des conditions acceptables. Ma maison représente-t-elle sérieusement une clientèle moyenne de 200 wagons par an? ou bien n'ai-je obtenu cette commande annuelle que par des sacrifices exagérés? Dans les industries qui peuvent faire du stock, c'est bien autre chose encore : un fondeur vient me prouver qu'il a produit des milliers de tonnes de fonte; reste à savoir comment il les a écoulées, s'il a une clientèle constituée pour absorber sa production. Et c'est là un point extrêmement délicat à établir. » En effet, et la preuve en est que cette question du contingent de production assigné à chaque usine constitue l'obstacle le plus difficile à surmonter lors de la création des cartells, et menace constamment leur existence par la suite. Le contingent est fixé d'ordinaire pour la durée prévue du cartell, mais les circonstances économiques se modifient et amènent de la part de certains associés des demandes d'augmentation; d'autres fabriques viennent se joindre au cartell, ce qui force à des remaniements du contingent; enfin, au moment des renouvellements, quand la fin de la durée prévue approche, tout est remis en question. « Au fond, tout cela se règle par des accommodements, m'avoue avec bonhomie un constructeur badois. Quand un de nos sociétaires exige un contingent plus élevé, le premier mouvement des autres est de le maintenir à son ancien taux. Il menace de sortir du cartell; on lui répond qu'on le laissera s'en aller à l'expiration de l'engagement qu'il a signé; et puis on finit par s'arranger. » C'est bien là le régime de l'entente; l'accord ne se conserve que grâce à de mutuels sacrifices. La capacité de production de l'usine, l'existence d'une clientèle, sont bien des éléments d'appréciation, mais il y en a une foule d'autres, tels que la solidité financière de l'établissement, la bonne qualité de ses produits, et cet ensemble de choses qui font l'importance d'une affaire. Seuls des hommes du métier peuvent juger sérieusement quelle est la résultante de ces données complexes. Aucune formule ne peut l'exprimer complètement parce qu'un des éléments déterminants est la confiance morale inspirée par les directeurs, et cela n'est susceptible d'être ni mesuré, ni compté, ni pesé.

De même, quand des syndicats ouvriers et

des syndicats patronaux arrivent à s'entendre
sur le partage des produits du travail, c'est-à-
dire sur le taux des salaires, on ne peut pas
rendre compte par une formule de l'opération
qui se fait entre eux. C'est une transaction, une
cote mal taillée, un traité entre deux puissances
qui, pour des raisons échappant à l'analyse,
estiment qu'elles ont avantage à se faire des
concessions réciproques.

C'est là qu'apparaît bien nettement l'influence
du caractère allemand sur le succès des cartells.
C'est un caractère modéré, disposé aux transactions, soucieux de la sécurité plutôt que du
triomphe. Aux États-Unis, les ententes industrielles qui se forment sont presque toujours
dominées par un homme puissant qui s'en fait un
marchepied. Carnegie avait établi des *pools* successifs pour les rails d'acier avant de conquérir
la situation exceptionnelle que lui a value son
alliance avec Rockefeller, puis de se faire acheter
par le grand Trust de l'acier. Une fois maître des
minerais du Lac Supérieur, de la flotte et du
chemin de fer qui les transportent à Pittsburgh,
il a brisé le *pool* devenu inutile à son ambition.
Et les exemples de ce genre sont nombreux. En
Allemagne, les cartells sont sincères; ils ne

servent pas à un but caché; ils satisfont pleinement les désirs modérés de leurs fondateurs.

Leur durée tient à cela. Le syndicat des cokes
de Westphalie existe sous sa forme actuelle de
société par actions avec bureau de vente
depuis 1890; et cette forme a succédé à une
entente plus ou moins lâche remontant à 1884.
Le syndicat général des houilles de Westphalie,
créé en février 1893 pour cinq ans, a été prolongé
dès 1895 pour dix ans; il ne prendra donc fin
qu'en 1905 et pourra alors être renouvelé pour
dix nouvelles années par tacite reconduction. Il
avait été précédé d'une série d'organisations similaires, moins énergiques et moins complètes : conventions d'une durée de dix-huit mois, de juillet
1885 à décembre 1886, syndicat de 1887 pour la
vente des charbons fins et menus criblés, syndicat
de Dortmund de 1890 à 1893, syndicats de Bochum,
d'Essen et de Steele-Mülheim en 1891, fédération
des mines (*Gemeinschaft*) de 1892[1]. Le mouvement n'a donc pas cessé de se développer depuis
vingt ans, et les transformations qui se sont produites au cours de cette période sont en réalité
des crises de croissance. On le voit bien, d'ail-

---

1. Voir Gruner et Fuster, *op. cit.*

leurs, à ce fait que depuis 1890 pour les cokes, depuis 1893 pour les houilles, ces transformations ont cessé de se produire. On avait trouvé la forme définitive. L'enfant était arrivé à l'âge d'homme.

Dans la métallurgie, le syndicat général des fontes remonte à 1897 et groupe des syndicats secondaires dont le plus ancien a été créé en 1884. Le syndicat des fils laminés date de 1896; celui des tôles fines et celui des grosses tôles datent de 1889 seulement; mais toutes ces organisations ont été précédées d'essais plus ou moins incomplets dont elles forment l'aboutissement. Elles représentent, elles aussi, une série d'efforts poursuivis dans le même sens depuis plus de vingt ans par l'ensemble des industries sidérurgiques et dont on trouve dès 1860 des manifestations isolées. On fait remonter en effet à cette époque la constitution d'un premier cartell du fer-blanc (*Weissblechsyndikat*), et un cartell des rails (*Schienenkartell*) aurait existé en 1864 [1].

C'est vers 1877 que les fabricants de locomotives, de wagons, de traverses métalliques,

---

1. *Die Unternehmerverbände* von R. Liefmann (dans la collection des *Volkswirtschaftliche Abhandlungen der badischen Hochschulen*), p. 139.

commencèrent à se syndiquer. La *convention* formée à cette époque par les fabricants de wagons du Nord passe pour n'avoir jamais été brisée depuis lors, bien qu'elle ait subi beaucoup de transformations et que l'influence de l'État l'ait puissamment renforcée, comme nous l'avons dit. Il est difficile de vérifier cette assertion parce que les statuts de ce cartell sont secrets. La plupart des cartells qui n'ont pas pris la forme de sociétés par actions sont d'ailleurs dans ce cas [1].

Les autres industries allemandes qui ont donné naissance à des organisations du même genre sont entrées dans le mouvement vers 1880. D'après M. R. Liefmann, le nombre des cartells n'aurait pas dépassé 14 en 1879, et il atteignait le chiffre de 260 en 1896 [2]. Depuis cette époque, ce chiffre a peut-être baissé parce que certains syndicats locaux appartenant à la même

---

1. Dans son grand ouvrage *Die Gewerkschaftsbewegung*, p. 521, Kulemann cite cette phrase curieuse de Brentano : « Les documents sur les organisations de patrons sont beaucoup plus difficiles à se procurer (*weit schwerer zugänglich*) que ceux sur les organisations ouvrières. Les premières sont aujourd'hui les vraies sociétés secrètes (*die wahren geheimen Gesellschaften*). » Ce jugement reste vrai pour les cartells non organisés en sociétés par actions.

2. Liefmann, p. 144.

industrie se sont réunis en un seul; mais c'est encore là la marque d'une évolution toujours croissante dans le sens de l'unité d'action, et les cartells plus centralisés, ainsi substitués aux cartells incomplets d'autrefois, sont organisés d'ordinaire beaucoup plus énergiquement que leurs prédécesseurs.

Le cartell allemand n'est donc pas, comme le *pool* américain, un pur accident dans l'histoire de la concentration industrielle actuelle, une combinaison éphémère imaginée par un « capitaine d'industrie » pour servir ses projets de conquête; c'est un organisme qui se développe dans un milieu favorable, qui se modifie, mais dont chaque modification marque un progrès.

La modération du caractère allemand ne suffirait pas à assurer la durée de ces ligues de producteurs si l'esprit de discipline, d'une discipline exacte et méticuleuse, ne régnait pas parmi les associés. On retrouve là encore l'effet des habitudes sociales de la nation. Les fabricants allemands qui créent un cartell joueraient un rôle de dupes s'ils se soumettaient à des restrictions sans être bien assurés que leurs co-associés les subiront également. Il importe au succès de l'entreprise qu'aucun d'entre eux ne puisse commettre de fraude, par exemple, vendre au-dessous du prix fixé, ou vendre plus que son contingent, et comme il y a une foule de manières de frauder, le syndicat doit être très puissamment armé pour les découvrir et les châtier. Là où il existe un bureau de vente, la surveillance est très simplifiée. C'est d'ailleurs en grande partie pour cela que les bureaux de vente ont été constitués. En effet, toute relation directe étant coupée entre le producteur et le consommateur, toute commande devant arriver au bureau, les usines sociétaires ne peuvent pas consentir à leur clientèle des avantages dissimulés, et il est facile de s'assurer qu'elles ne font pas d'expéditions directes. Là où il n'y a pas de bureau de vente, les syndiqués sont obligés de se soumettre à des procédés inquisitoriaux d'inspection, et, en cas de fraude constatée, à de fortes pénalités.

En général, le comité de direction du cartell fait choix d'un ou de plusieurs inspecteurs actifs, intelligents et suffisamment féroces, qui débarquent inopinément dans les usines syndiquées, vérifient la qualité des produits, pénètrent partout, se font montrer les magasins, les inventorient s'il leur convient, prennent communication de la comptabilité, de la correspondance, bref qui ont le droit de tout voir, de tout contrôler. Le fabricant n'est plus maître chez lui.

De plus, le contrôle trouve une sanction dans les amendes que les inspecteurs ont la faculté d'imposer aux associés. Les anciens contrats prévoyaient souvent le montant de ces amendes et ne les fixaient pas à des chiffres très élevés. Ainsi la convention de 1882 des mines de Dortmund frappait de 50 pfennigs (0 fr. 625) chaque tonne de houille produite en sus de la quantité stipulée[1]. Il arrivait alors parfois qu'une mine avait intérêt à dépasser son contingent, même en payant l'amende. En 1885 on porta celle-ci à 2 marcs par tonne, soit le quadruple[2], mais dès 1887, on revenait à l'ancien taux[3]; l'éducation syndicale des associés n'était pas suffisante, sans doute, pour leur faire accepter une pénalité aussi forte. Les fabricants de coke et producteurs de charbons gras devaient leur donner un exemple salutaire. Dès 1885 ils se soumettaient à la règle suivante (art. 12 des statuts[4]) : « Les membres du syndicat qui, à

1. Art. 8 du contrat; voir Gruner et Fuster, p. 4.
2. Id., ibid., p. 7.
3. Id. ibid., p. 9.
4. Id., ibid., p. 21.

l'insu du chargé d'affaires et contrairement au présent accord, concluent des traités, ou qui ne se soumettent pas aux décisions du conseil, paieront 6 marcs par tonne de coke et 4 marcs par tonne de houille qu'ils auront vendue en sus de la quantité fixée et sans l'assentiment du chargé d'affaires. » L'exemple ne fut pas perdu et à mesure que le syndicat des houilles grandit et se fortifie, nous allons voir monter le taux des pénalités. Le syndicat de Dortmund de 1890 établissait une amende de 50 marcs par tonne[1]; le règlement actuel du syndicat rhénan-westphalien des houilles est plus sévère encore, car en dehors de l'amende pour chaque tonne *livrée en plus* du contingent, il en impose une autre pour chaque tonne *livrée en moins*[2]. Désormais, un charbonnage syndiqué ne peut ni augmenter ni restreindre sa production. Le bureau de vente a le droit de compter exactement sur la quantité fixée à chaque exercice. En plus, afin de couper court à toute forme non prévue de fraude ou de négligence, le contrat renferme une disposition générale et draconienne : « Pour toute autre violation à quelque autre clause du pré-

1. Art. 8 du contrat; voir Gruner et Fuster, p. 50.
2. *Id.*, *ibid.*, p. 74.

sent traité, chaque contractant s'engage à payer au syndicat une amende conventionnelle de 1 000 marcs par contravention » (Titre C, § 8, n° 3). D'ailleurs, il n'y a pas à redouter que cette amende ne soit pas payée : c'est, en effet, le bureau de vente du syndicat qui touche l'argent des livraisons de charbon faites par la mine ; rien de plus facile que de porter le montant de l'amende au débit de celle-ci, et, pour éviter toute contestation juridique sur la légalité de ce moyen, un article spécial prévoit que le comité directeur est autorisé à l'employer (Titre C, § 8, n° 8)[1].

L'existence d'un bureau de vente facilite donc le recouvrement des amendes comme il facilite la surveillance ; c'est le moyen le plus simple d'assurer la discipline. Dans les cartells qui n'ont pas de bureau de vente, les associés sont tenus de remettre entre les mains du comité directeur des traites acceptées par eux et que celui-ci est libre de mettre en circulation si une amende encourue n'est pas immédiatement payée. C'est une forme simplifiée du cautionnement. Elle est aujourd'hui d'un usage très général dans les ententes entre producteurs[2], ce qui indique

1. Voir Gruner et Fuster, p. 74 et 75.
2. Voir R. Liefmann, *op. cit.*, p. 69.

bien l'exacte discipline qui y règne. Tous les patrons syndiqués que j'ai pu personnellement interroger sur ce point m'ont toujours fait la même réponse : « Nous sommes liés les uns aux autres et vis-à-vis du cartell par la remise de sécurités entre les mains du comité. »

J'ai donné l'exemple du syndicat rhénan-westphalien des houilles parce que ses statuts étant publics, tous les faits indiqués sont faciles à vérifier, mais les renseignements que j'ai recueillis sur les cartells plus modestes et gardant leurs statuts secrets indiquent que la même surveillance y est exercée, et d'une manière aussi efficace. Il existe à Elberfeld un cartell entre les fabricants de satin de Chine. Fondé il y a cinq ans, il a comme cheville ouvrière un ancien *Landrath* d'une infatigable activité et d'une honorabilité éprouvée, qui mène les associés à la baguette. Bien entendu, tout l'arsenal des précautions ordinaires avait été mis en œuvre dans les statuts pour empêcher la fraude : droit pour l'inspecteur de se faire présenter les livres à toute réquisition, amendes très fortes, traites acceptées d'avance pour des sommes importantes, etc. Cependant le clairvoyant *Landrath* s'aperçut un jour qu'il y avait une étroite fissure par laquelle

la fraude parvenait à se glisser. Certains lots de
satin de Chine étaient portés en compte comme
vendus à un prix inférieur, avec cette mention
justificatrice : « marchandises détériorées », ou :
« marchandises dépréciées par malfaçon ». Il n'y
avait rien à dire ; on ne pouvait pas exiger des
membres du cartell qu'ils trouvassent vendeur
au prix normal pour des marchandises de rebut,
mais, d'autre part, ceux-ci pouvaient sous ce
prétexte écouler leurs produits au-dessous du
cours fixé. Sur quoi l'ancien *Landrath*, aussi
ingénieux que clairvoyant, fit adopter par le
cartell la règle suivante : « Les associés restent
en relations directes avec leur clientèle pour la
vente des marchandises de qualité normale.
Toute étoffe de rebut, au contraire (*Rampsch*),
devra être vendue exclusivement par les soins
du comité. » Et les associés se sont soumis.

## IV. — Les effets des cartells.

Il est évident que les industriels qui acceptent
de se lier les mains par un cartell y trouvent un
avantage. La discipline gênante qu'ils observent
en est la preuve. Au surplus, nous connaissons

cet avantage, c'est le but même des cartells, l'élévation ou le maintien des prix de vente.

Mais cet effet, désirable pour eux, ne constitue-t-il pas une exploitation du consommateur? Celui-ci n'est-il pas victime du cartell? Là-dessus, les opinions diffèrent beaucoup en Allemagne.

D'une façon générale, le monde capitaliste et la plupart des économistes sont favorables aux cartells. « Ils ne sont nullement oppressifs », m'assure un banquier de Berlin. « Leur effet sur les prix, me dit M. Steinmann-Bucher[1], est très positivement de leur donner plus de régularité. Les statistiques sur la variation des prix sont très instructives à ce sujet, ajoute-t-il; dans les industries où il y a cartell, les courbes s'allongent, tendent vers la ligne droite; les dépressions sont plus adoucies, les à-coups moins brusques que dans celles où la concurrence reste sans limite. » Enfin, les industriels les déclarent ordinairement « très bienfaisants ».

Dans ces derniers temps cependant, les cartells ont été vigoureusement attaqués en Allemagne. Certains fabricants qui dépendent d'industries

1. M. Steinmann-Bucher, directeur de la *Deutsche Industrielle Zeitung*, organe de la *Central Verband Deutscher Industrieller*, est l'auteur d'importantes contributions à l'étude des cartells.

soumises au régime du cartell, parce qu'ils leur achètent leurs matières premières, se sont plaints avec amertume de leur tyrannie. Ils ont trouvé de suite un accueil sympathique à leurs réclamations dans une partie de la presse, notamment dans la *Volks Kölnische Zeitung*, organe du centre catholique. Un écho de cette campagne est parvenu même au public français, d'abord par la publication des rapports si clairement présentés et si soigneusement documentés de notre consul à Dusseldorf, M. Pingaud[1], ensuite par les articles de M. Georges Villain publiés dans *le Temps*[2], et réunis depuis en volume.

C'est dans les industries métallurgiques que s'est produite cette réaction contre les cartells. Elle vient d'un malaise incontestable, mais il est fort contestable, à mon sens, que les cartells soient responsables de ce malaise.

De quoi se plaignent les protestataires? De ce que les syndicats ne leur livrent pas le montant

1. Les rapports de M. Pingaud publiés dans le *Moniteur officiel du Commerce* m'ont très souvent guidé pour l'étude de la Province rhénane et de la Westphalie; mais je lui suis redevable également de précieuses indications orales et d'introductions judicieuses qui m'ont beaucoup aidé dans ma tâche.

2. Notamment celui intitulé : *Réclamations contre les syndicats sidérurgiques allemands*, mars 1900.

de leurs commandes. Le syndicat des fontes a
déclaré en effet qu'il réduisait de 7 et demi p. 100
l'importance de ses livraisons de fonte pendant
le premier trimestre de 1900. Il s'appuyait, pour
opérer cette réduction, sur un article de son
contrat prévoyant des cas de force majeure qui
le dispenseront de l'exécution complète de ses
engagements. Le manque de combustible est
un de ces cas spécifiés, et tout le monde sait
qu'en fait, les hauts fourneaux de l'Allemagne
et de l'Europe occidentale ont manqué de coke
pendant plusieurs mois à cette époque. Il semble
qu'un fondeur isolé aurait agi exactement comme
le syndicat des fontes.

Il est vrai que le malaise s'accentue par la
répercussion qui se produit d'une industrie sur
l'autre. Le syndicat de l'acier mi-ouvré avait
réduit à son tour ses livraisons dans une proportion qui atteignait 50 p. 100 pour certaines spécialités. Cela aboutit, pour les laminoirs, par
exemple, à un chômage forcé de plusieurs se-
maines alors que les commandes affluaient.

Il est vrai encore que les très grands établissements métallurgiques possédant à la fois des
hauts fourneaux, des aciéries, des laminoirs,
souvent même des mines et des cokeries, échap-

pent aux conséquences de cette situation, et que l'infériorité qui en résulte pour leurs concurrents plus modestes est écrasante. Tout cela est très vrai et très fâcheux, mais tout cela résulte en fin de compte du manque de coke dont les syndicats métallurgiques ne peuvent pas être rendus responsables et que le syndicat des cokes n'a pas produit, lui non plus, par artifice. Le syndicat des cokes groupe les cokeries du Rhin et de la Westphalie; celles de la Silésie, de Hambourg, sont indépendantes de lui. Et le manque de coke a sévi non seulement en Allemagne, mais en Europe.

Peut-être tous les syndicats qui ont opéré des réductions sur les fournitures qu'ils s'étaient engagés à faire n'avaient-ils pas le droit de les imposer. C'est une tout autre question, une question d'interprétation de contrats dans laquelle nous n'avons pas à entrer. Mais, quelles que soient les décisions à intervenir sur ces litiges, il est certain que les syndicats n'avaient pas créé la crise, tout simplement parce qu'ils n'avaient pas intérêt à la créer. On comprend un syndicat produisant la raréfaction d'une marchandise pour la vendre plus cher; on ne le voit pas vendant une partie de la marchandise *au prix convenu* et refusant de livrer l'autre par calcul.

En d'autres termes, si les cartells limitent la production à certaines périodes, ce n'est jamais que pour empêcher un encombrement du marché défavorable au maintien des prix. Ils préfèrent modérer leur activité, risquer de vendre un peu moins, pour arriver à bien vendre; mais quand ils sont sûrs de bien vendre, quand la demande dépasse très positivement l'offre, ils ne sont pas assez ennemis d'eux-mêmes pour refuser de vendre beaucoup. C'est l'évidence même. J'ai déjà indiqué que, au printemps de 1900, les questions de contingents n'avaient pas d'importance et ne donnaient pas lieu à des difficultés, comme cela arrive en temps de surproduction. A ce moment, et depuis dix-huit mois environ, les syndicats métallurgiques ne faisaient rien pour empêcher leurs associés de fabriquer. S'ils n'avaient pas existé, il n'y aurait rien eu de changé à la pénurie de coke, de fonte, d'acier demi-ouvré. Cette pénurie tenait à la période de grande activité métallurgique qui s'était ouverte d'une manière un peu trop subite, qui avait dépassé les prévisions.

Il y aurait bien eu quelque chose de changé si

les cartells n'avaient pas existé, mais dans un sens tout opposé. La loi de l'offre et de la demande agissant pleinement, sans l'influence modératrice des cartells, l'abondance inopinée de la demande aurait amené l'affolement des prix. Il n'y aurait pas eu plus de produits offerts, mais on les aurait vendus plus cher. Remarquez en effet que grâce aux contrats à longue échéance passés par les cartells, ils livraient ce qu'ils pouvaient livrer à un prix convenu d'avance en temps normal, et non à un prix de famine. La crise récente a très bien mis en lumière la régularisation des prix due aux cartells.

Il n'est donc pas juste de reprocher aux syndicats d'avoir cherché à limiter la production pour faire hausser les prix en temps d'activité industrielle. Une accusation plus fondée est celle qu'on porte contre eux au sujet des marchés à long terme imposés par eux à leur clientèle pendant les périodes prospères, et dont l'effet se fait sentir d'une façon désastreuse quand ces périodes prennent fin brusquement. C'est ce qui a lieu précisément cette année-ci (1901). Après quatre ans de progrès rapides et continus, l'industrie allemande, en général, l'industrie métallurgique, en particulier, a subi un ralentissement marqué. Dès le mois d'avril 1900, les premiers symptômes se manifestaient ; à la fin de l'année le mouvement était très caractérisé ; il se poursuit encore, et les catastrophes financières qui ont suivi la chute de la *Leipziger Bank* en accusent la gravité en même temps qu'elles l'accélèrent. Dans ces conditions nouvelles, les métallurgistes se voient obligés de restreindre leur production, mais les marchés consentis en 1899, ou au début de 1900, les ont souvent obligés à prendre livraison de quantités de matières premières coûteuses et inutilisables, ce qui accentue pour eux l'effet de la crise. Le syndicat westphalien des fontes brutes (*Roheisen Syndikat*) ne fournissait de fontes à sa clientèle, au moment où elles étaient très recherchées, que si celle-ci s'engageait pour une longue période à prendre mensuellement les mêmes quantités aux mêmes prix. La clientèle souscrivait à cet engagement pour alimenter sa fabrication et répondre à la demande très active alors. Elle en subit aujourd'hui les conséquences en acceptant bon gré mal gré des fontes brutes cotées à un prix élevé, tandis que ces mêmes fontes, une fois transformées par elle, s'écoulent difficilement et à bas prix. Il y a là, de la part du syndicat un véritable abus. Sans doute, il n'exige que l'exécution d'un contrat librement consenti, mais il risque d'écraser ses clients sous le poids de ses exigences, et c'est assurément un mauvais calcul de sa part. Son action ne s'exerce pas, en réalité, dans le sens de la régularisation des cours. Car les hauts prix qu'il reçoit pour ses fontes pendant la durée des marchés passés ne pourront pas se maintenir à l'époque des renouvellements, et la baisse sera d'autant plus marquée, d'autant plus brusque que la transition n'aura pas été préparée. On me signale même ce fait que plusieurs usiniers refusant de prendre livraison des fontes qui leur sont adressées d'office par le syndicat, celles-ci, restées en souffrance dans les gares, ont été vendues aux enchères à vil prix, ce qui jette sur le marché général des fontes une fâcheuse perturbation. De régulateur, le syndicat devient ainsi perturbateur.

Ce qui se passe entre le syndicat des fontes brutes et les fonderies, les laminoirs, les aciéries, peut bien se produire aussi à d'autres phases de la transformation métallurgique, par exemple, entre les producteurs d'acier demi-ouvré et les fabricants de fil de fer, d'outils, les constructeurs de machines, etc. Mais toutes ces branches de la métallurgie ont en Allemagne leur syndicat spécial et sont, par suite, en état de se défendre ; cela diminue le danger d'exploitation ; cela explique aussi comment, d'une façon générale, il règne une entente assez étroite entre les différents syndicats métallurgiques.

Ainsi les syndicats de produits ouvrés ont souvent reçu des syndicats de la fonte ou de l'acier de véritables faveurs, notamment des bonifications d'exportation. Tel est le cas pour les tréfileurs, par exemple. A son tour le syndicat de la fonte recevait du syndicat des cokes en 1898 des avantages importants [1] pour lui permettre de lutter contre l'importation des fontes anglaises de moulage. De syndicat à syndicat ces cadeaux ne sont pas rares ; ils s'expliquent d'ailleurs par la dépendance mutuelle où ils se trouvent les uns vis-à-vis des autres dans une même branche d'industrie [2].

---

1. *Compte rendu du syndicat des cokes* dans la circulaire n° 1685 du *Comité des Houillères de France.*
2. M. R. Liefmann cite les exemples suivants : En 1882, les Hauts Fourneaux syndiqués de la province Rhin-Westphalie et de la Sieg s'entendent avec différents groupes de laminoirs pour leur accorder une réduction de prix sur les matières premières que ceux-ci travailleront pour l'exportation. Contrats analogues en 1888 entre les laminoirs et les

Mais ces bonifications d'exportation accordées soit de syndicat à syndicat, comme dans les cas que je viens de citer, soit dans le même syndicat, par la collectivité à certains associés, sont-elles sans inconvénient pour la clientèle nationale, pour le consommateur allemand?

Nous touchons ici au point faible de tout le système des cartells. Il y a en effet dans ces pratiques une exploitation positive.

Elles se produisent surtout aux époques de dépression, alors que la fabrication trop abondante ne peut pas être absorbée par la consommation nationale. Le cartell qui a obtenu ce résultat de maintenir ses prix sur le marché allemand est dans l'impossibilité d'y écouler tous ses produits. Il y a bien la clientèle étrangère, mais pour l'atteindre il faut renoncer au prix artificiellement maintenu, il faut vendre au-dessous du cours imposé à la clientèle nationale. Les associés ont la liberté de le faire, en général, mais n'y sont guère disposés; cela se comprend. Pour les y encourager, on leur accorde des primes. Et ces primes sont prises sur les bénéfices réalisés par

tréfileries; en 1892 et 1893 entre le syndicat des cokes, les forges de la Sieg, les fonderies rhénanes-westphaliennes. (*Die Unternehmerverbände*, p. 166.)

le syndicat, autrement dit sur le public allemand.
De même quand le cartell des fontes dit à celui
de l'acier : « Exportez au prix que vous pourrez,
débarrassez-vous de votre stock pour pouvoir
fabriquer de nouveau et nous acheter des fontes,
nous vous donnerons tant par tonne exportée »,
il fait cadeau d'acier bon marché aux Belges,
aux Anglais, à nous Français, mais avec l'argent
des Allemands. Il est bien entendu, en effet, qu'il
se récupèrera des primes qu'il accorde sur les
bénéfices de sa fabrication; il vend bon marché à
l'étranger pour vendre cher dans son propre pays.

C'est, dans toute sa beauté, le régime du sucre.
La France, l'Autriche et l'Allemagne produisent
du sucre et le paient cher, tandis que les Anglais
n'en produisent pas et le paient bon marché : les
mesures protectionnistes ont abouti à cet extraordinaire résultat. Et les cartells les ont récla-
mées. Ils ont une excuse cependant, c'est leur
intérêt immédiat.

Cette considération de l'intérêt immédiat les
domine. « Commençons par déblayer le marché
national à tout prix, nous verrons après, » voilà
ce qu'ils se disent dès que la crise de surproduction menace; mais la crise revient et l'opération
est renouvelée, et toujours aux frais du consom-

mateur national, auquel on fait supporter en tout temps un prix artificiellement haussé pour compenser les pertes provenant de ces liquidations successives.

Ainsi l'Allemand qui achète du fer en Allemagne le paie en général plus cher à cause des cartells. D'autre part nous avons vu que l'action régulatrice des cartells empêche l'affolement des prix; l'Allemand paie donc en temps de crise moins cher et moins irrégulièrement cher à cause des cartells. Vis-à-vis de lui, les cartells jouent le rôle d'une assurance contre les prix de famine. Reste à savoir si la prime d'assurance n'est pas trop forte, mais je ne tenterai pas de résoudre ce problème. Il me suffit de constater que les cartells sont peu attaqués quand ils touchent simplement leur prime en forçant un peu leurs prix. En temps de crise on les dénonce, au contraire, non parce qu'ils ne jouent pas leur rôle d'assureurs contre l'élévation exagérée des prix, mais parce qu'ils n'assurent pas contre l'insuffisance de la production.

Toutefois la politique que nous avons signalée n'intéresse pas que le consommateur. En dépit des apparences, le « régime du sucre » crée un danger pour les industries qu'il prétend favoriser. L'intérêt immédiat est sauvegardé, l'intérêt éloigné est sacrifié. Le régime des cartells a des inconvénients analogues. Il prépare des lendemains redoutables aux branches de travail dont il assure momentanément la prospérité. C'est peut-être le moins aperçu, et c'est probablement le plus grave de ses défauts.

Pas plus que les douanes, les cartells ne peuvent rien contre l'ensemble des causes qui rendent de plus en plus effective la concurrence universelle. En se combinant avec elles, ils arrivent à retarder les effets sur un marché national donné, mais ce retard se tourne contre eux en fin de compte : quand le flot arrive au niveau de la digue qu'ils ont construite, sa puissance s'accroît de toute la hauteur de cette digue; il se transforme en chute.

Les industries métallurgiques allemandes sont précisément à la veille d'éprouver la force irrésistible d'une chute de ce genre. De leurs mains, méthodiquement, très soigneusement, péniblement, elles ont construit le barrage qui la produit. Leurs cartells en ont fourni les blocs. On peut déjà prévoir les résultats.

Le flot vient d'Amérique : en 1897, les États-Unis exportaient pour 62 737 250 dollars d'articles de fer et d'acier; en 1898, ce chiffre montait à 82 771 550 dollars; en 1899, à 105 689 655 dollars [1], soit plus de 525 millions de francs; en 1900 il a atteint près de 130 millions de dollars ou de 650 millions de francs. Jusqu'ici l'Allemagne s'est préservée par ses digues de cette inondation de fer américain, mais les marchés étrangers sur lesquels elle écoulait ses produits sidérurgiques ne peuvent plus les recevoir en égale quantité. Et il se produit un refoulement [2]. Les yeux se tournent avec inquiétude vers l'Amérique toujours féconde en surprises [3]; la création du grand trust de l'acier justifie toutes les craintes; les syndicats vont rentrer en scène plus que jamais. C'est en effet à l'approche des crises qu'ils ont besoin d'agir. Mais ils ne peuvent pas, quelles que soient leurs sages combinaisons, détruire chez leurs concurrents d'outre-mer la supériorité acquise dans une lutte sans merci; ils ne peuvent même pas détruire chez eux l'infériorité résultant d'une sécurité artificielle.

1. Circulaire n° 54 de la Chambre syndicale des fabricants et des constructeurs de matériel de chemins de fer.

2. Rapport de M. Pingaud, du 25 octobre 1900, cité par la circulaire n° 92 de la Chambre syndicale des constructeurs de matériel de chemins de fer.

3. Article du *Stahl und Eisen* de Dusseldorf, cité par la même circulaire.

Les usines métallurgiques qui existent actuellement aux États-Unis sont le résultat d'une constante sélection : groupées ensemble depuis peu pour une action commune, elles n'ont pu vivre jusqu'ici dans leur pays que si, réellement, elles avaient une situation personnelle inattaquable. Celles qui fléchissaient étaient rapidement éliminées par l'intensité de la concurrence.

Les usines allemandes syndiquées sont certainement parmi les plus considérables et les mieux dirigées. Aucune usine inférieure n'est admise. Cependant nous avons vu tout à l'heure — ce sont des syndiqués qui l'avouent et qui s'en plaignent — que les très grands établissements métallurgiques, celui de M. Krupp, par exemple, ont peu à faire avec les cartells.

Depuis la mine de minerai de fer et la houillère, jusqu'aux ateliers de montage et de finissage, la transformation qui se poursuit se poursuit à leur compte; ils ne subissent à aucun moment le contre-coup du syndicat des cokes ou des fontes. Ils sont en marge de la vie syndicale. Et, de l'aveu des syndiqués, je le répète, cela leur crée dans certaines circonstances un énorme avantage.

Mais alors, si en Allemagne même les usines métallurgiques syndiquées ne sont pas décidément les plus fortes, les mieux armées pour la lutte, ne sera-t-il pas très dangereux pour elles de se trouver en concurrence avec les usines similaires américaines qui, elles, sont les mieux armées de l'Amérique? Dans les grands matchs internationaux, chaque pays choisit pour champions les vainqueurs des luttes nationales. Et on veut des épreuves décisives avant de les choisir. Les cartells rendent moins décisives ces épreuves nationales préparatoires. Je crois que c'est là un mauvais service rendu à l'industrie allemande, à la veille d'une concurrence universelle impossible à éviter.

# CHAPITRE IV

## LES SYNDICATS INDUSTRIELS
## DE PRODUCTEURS FRANÇAIS

---

### I. — La monopolisation industrielle en France.

Le mouvement général qui pousse les industries vers la concentration a rencontré en France
peu de circonstances artificielles favorables à la
constitution des monopoles. Notre régime de protection douanière ne connaît guère les exagéra-
tions du régime américain; nos tarifs de chemins
de fer sont contrôlés par l'État qui assure généralement aux transporteurs quels qu'ils soient
un traitement égal à ceux de leurs concurrents.
Nous sommes à peu près exempts des abus
criants signalés aux États-Unis comme les
créateurs authentiques de monopoles.

Cependant, certaines de nos industries se trouvent soumises, par les taxes fiscales comme par les tarifs douaniers, à des conditions exceptionnelles qui faussent gravement le libre jeu de la concurrence internationale; telle l'industrie du sucre. D'autres, s'étant concentrées dans une région spéciale, ou bien ayant affaire à une clientèle restreinte, ou bien encore ayant été transformées par une découverte faisant l'objet d'un brevet, se sont vues exposées à des tentatives de monopolisation dont quelques-unes ont abouti à des succès. C'est ainsi que les fabricants de papier, les raffineurs de pétrole, la compagnie des glaceries de Saint-Gobain, les producteurs de soude, d'iode, de borax, et autres substances chimiques, ont pu à certaines époques, et pour un temps plus ou moins long, jouir d'une sorte de monopole sur notre marché intérieur, parfois sur le marché international.

Le monopole des raffineurs de sucre est probablement le plus important et le plus durable de tous ceux qui se sont établis en France. Aujourd'hui encore, bien que sa domination ait perdu le caractère absolu qu'elle a longtemps revêtu, il exerce une influence considérable, sinon sur les prix, du moins sur l'établissement des raffineries. Personne ne peut se risquer à raffiner du sucre en France sans s'être préalablement entendu avec les quatre grands raffineurs.

Tout concourt, dans l'industrie du sucre, à amener ce résultat. Les grandes raffineries ont au point de vue de la fabrication un avantage marqué sur les petites, ce qui produit la concentration industrielle. Les grosses entreprises, soutenues par des capitaux abondants, réalisent dans de meilleures conditions que les entreprises plus modestes leurs achats de matières premières, et c'est là un élément important de supériorité dans une industrie où l'opération technique ajoute peu de valeur au produit. On sait en effet que le sucre brut et le sucre raffiné n'ont entre eux qu'une très faible différence de prix. Par suite, la concentration commerciale s'impose. Enfin une série de causes artificielles tendent à isoler le marché français des marchés étrangers : droits d'entrée sur les sucres bruts, taxe de consommation, primes à l'exportation.

Il y a une vingtaine d'années, des circonstances spéciales rendirent cet isolement plus complet. La taxe de consommation du sucre successivement augmentée en 1871, 1872 et 1873, fut ramenée en 1880 de 73 à 40 francs par

100 kilogrammes de sucre raffiné. Sous l'influence de cette diminution de taxe, la consommation française, qui pendant les quatre années pré-
cédentes avait été en moyenne de 163 000 tonnes,
s'éleva dès 1883 à 247 035 tonnes. D'autre part,
la production sucrière française ne se développait pas dans les mêmes proportions. De 1880
à 1884, nos exportations de sucres indigènes
atteignirent moyennement 157 460 tonnes, ne
dépassant que de 22 000 tonnes les importations
de sucres étrangers (135 450 tonnes[1]). La consommation française faisait presque équilibre à
la fabrication. Dans ces conditions, notre marché
sucrier pouvait plus facilement être dominé, et
c'est vers cette époque en effet que disparurent
la plupart des raffineries indépendantes devant
la coalition toute-puissante des grandes raffineries parisiennes, Say, Lebaudy, Sommier.

Pendant quelques années, il y eut de leur
part un véritable monopole sur la raffinerie
française de sucre. Les raffineurs allemands,
beaucoup plus nombreux d'ailleurs, se trouvaient
arrêtés dans leurs essais d'entente par le peu de
délicatesse de la clientèle allemande qui aurait

1. Bulletin de statistique du ministère des Finances, 1896,
1er semestre, p. 462, 465, 466.

volontiers consommé le sucre non raffiné pour réaliser une légère économie, et à laquelle les sucreries se seraient empressées d'offrir un sucre grossièrement blanchi. En France, au contraire, nos habitudes plus recherchées nous mettaient sous la dépendance des raffineurs.

Depuis lors, le développement de la production sucrière française a modifié la situation [1]. Notre exportation s'est accrue notablement; elle a atteint 350 000 tonnes pour la dernière campagne. Dans ces conditions, le syndicat des raffineurs français ne peut plus exercer sur le marché français la domination qu'il lui faisait subir auparavant. Les prix s'établissent à la Bourse du Commerce de Paris et sont influencés par les conditions du marché international. La spéculation, à laquelle prennent part des membres importants du syndicat des raffineurs, ne peut pas détruire cette action déterminante du cours extérieur sur un article d'exportation. D'après le témoignage du président du syndicat des fabricants de sucre, le syndicat des raffineurs n'a plus aujourd'hui une influence sensible sur le prix du

---

1. La production du sucre exprimée en raffiné a atteint, pendant la campagne 1900-1901, le chiffre de 7 900 000 tonnes, en augmentation de 10,22 p. 100 sur la campagne précédente.

sucre, ni, par suite, sur le prix de la betterave sucrière.

Cette année même, l'opinion publique s'est beaucoup émue de « l'affaire des sucres », et les discussions qui ont eu lieu à ce sujet à la Chambre des Députés ont révélé chez plusieurs orateurs l'ignorance ou la méconnaissance des conditions de notre marché national. M. Gustave Rouanet a dénoncé ce fait que « le marché de Paris pour les sucres commande le marché français[1] ». C'est exact, mais incomplet: il aurait fallu ajouter que le marché de Londres commande le marché de Paris; mais le fait ainsi complété aurait perdu sa valeur comme argument prouvant l'accaparement. Ce n'est pas à dire que des manœuvres frauduleuses tendant à l'accaparement, le réalisant même dans une certaine mesure, n'aient pas pu se produire. L'article 419 est là pour les réprimer et ces manœuvres ne doivent pas être confondues avec le monopole industriel durable d'un syndicat de producteurs. Ce monopole a existé chez nous; il existe encore à vrai dire, mais depuis que la France est redevenue sérieusement exportatrice de

____

1. *Journal Officiel* du 23 mars 1901, p. 877. Compte rendu de la séance du 22 mars. Discours de M. Gustave Rouanet.

sucre, l'action qu'il exerçait sur les prix a disparu.

Par suite, il a dû changer son attitude vis-à-vis des entreprises indépendantes de raffinerie. Au lieu de les écraser par une lutte à mort, il traite aujourd'hui avec elles. Il n'est plus assez maître des prix pour les faire baisser rapidement, tuer la concurrence par le procédé de la plus « longue bourse », puis les relever à son profit quand il reste seul raffineur. C'est ainsi que la raffinerie Bouchon, de Nassandres (Eure) peut vendre son « sucre aggloméré en morceaux » en Normandie, à condition de s'interdire l'accès de Paris ; d'autres raffineries ont été ainsi affiliées au syndicat qui leur a laissé un petit rayon d'action dans leurs régions respectives. Le syndicat n'a donc pas été détruit par l'augmentation de notre exportation ; il a dû seulement se montrer moins intransigeant qu'autrefois.

Et ce résultat est dû à ce que notre marché est devenu moins isolé le jour où nous avons exporté. Il est à croire que tout abaissement des barrières douanières et des taxes fiscales, toute diminution d'importance des éléments artificiels, agirait dans le même sens.

Les fabricants de papier français ont fait

dernièrement une tentative d'entente industrielle pour relever les prix sur le marché français. C'était, en réalité, un moyen de « faire jouer le droit » qu'ils cherchaient. Il arrive souvent que l'effet des tarifs protecteurs est partiellement détruit dans un pays par la concurrence que se font les industriels de ce pays. S'ils parviennent à faire disparaître cette concurrence par une entente, le plein effet du droit aura un grave obstacle de moins à surmonter pour se produire. Mais l'opération ne peut réussir que si on réunit l'adhésion d'une très forte proportion des fabricants (90 p. 100 généralement). Surtout il faut éviter les dissidents individuels puissants. La maison Darblay a été, pour le cas des usines à papier, le dissident de marque qui a fait échouer la combinaison.

Mais il s'est produit dans une région déterminée de la France, et pour un papier d'une fabrication toute spéciale, un phénomène très curieux de concentration industrielle, tendant très directement au monopole. Les usines de papier de paille pour emballage de la Haute-Vienne et de la Charente se sont récemment fusionnées en une seule société. Elles sont parvenues à un léger relèvement des prix et se sont affilié de nouvelles usines situées dans la Dordogne et la Corrèze. Ici, nous sortons tout à fait du type des ententes françaises ou allemandes. C'est un véritable trust à l'américaine que la *Société générale des Papeteries du Limousin* a voulu créer. Seule, la modestie de son capital de cinq millions et demi de francs la distingue de ses puissants modèles. Le caractère local de cette fabrication spéciale a favorisé certainement l'entreprise de monopolisation; mais elle est encore assez loin d'être complète [1].

Le syndicat français des raffineurs de pétrole paraît jouir, au contraire, d'une domination indiscutée sur notre marché. Le fait s'explique aisément d'une part par la monopolisation internationale du pétrole brut, grâce à l'entente positive de la *Standard Oil Co.* américaine avec les grands financiers européens qui détiennent les pétroles de Bakou et de la Galicie, d'autre part par les droits de douane qui s'opposent à l'introduction du pétrole raffiné en France. Il y a là une situation exceptionnelle : la combinaison de monopoles nationaux étrangers avec l'absence

1. La Société générale des Papeteries du Limousin a été étudiée par un observateur très compétent, M. Pierre du Maroussem. Voir *Les ouvriers des Deux-Mondes*. Troisième série. Fascicule supplémentaire A, 1900.

complète de terrains pétrolifères exploités sur notre territoire et, par surcroît, l'élément artificiel de la protection douanière.

La situation des glaceries est exceptionnelle, elle aussi. En France, la Compagnie de Saint-Gobain domine, et depuis longtemps, le marché des glaces. En Allemagne, les deux plus grandes glaceries de l'Empire, l'une à Stalberg, près d'Aix-la-Chapelle, l'autre à Waldhof, près de Mannheim, sont sa propriété. A plusieurs reprises, elle s'est liée par des syndicats internationaux aux glaceries anglaises, allemandes et belges. Plus souvent encore elle a profité ou elle a souffert, suivant les cas, des vicissitudes de ses voisines les glaceries belges qui travaillent presque exclusivement pour l'exportation, mais n'exportent que par l'intermédiaire de maisons anglaises ou américaines. La consommation annuelle des glaces s'élève à environ 3 millions de mètres seulement. C'est resté encore un article de luxe. Mais on fabrique 4 millions de mètres ; avec les nouvelles usines qui s'établissent on en fabriquera bientôt plus de 4 millions et demi (4 600 000). Dans ces conditions, la consommation étant peu extensible, il est fatal que les petites affaires disparaissent et que les survivantes s'entendent pour ramener la fabrication à un chiffre normal. En résumé, la nature du produit ne permet pas un grand développement de l'industrie. D'autre part cette industrie ne peut s'exercer qu'en grand. Ajoutez à cela que les produits chimiques nécessaires aux glaceries, la soude en particulier, les font participer à toutes les complications de brevets d'invention, de secrets de fabrication des grandes usines chimiques; une telle industrie est trop exceptionnelle et de nature trop nécessairement secrète pour être utilement étudiée. Enfin, le fait de son extrême concentration en France, due à une grande supériorité de fabrication, éloigne trop la concurrence pour que l'on puisse parler ici de syndicat. En fait, il y a Saint-Gobain et ses satellites.

Quant aux monopoles ayant pour objet des substances chimiques, ils revêtent souvent un caractère international. La Compagnie du *Borax Consolidated*, par exemple, exerce son influence sur l'Europe entière. La fabrication de la soude à l'ammoniaque par le procédé Solvay constitue une telle menace pour les usines produisant la soude par le procédé Leblanc que ces dernières auraient peut-être complètement disparu, surtout en Angleterre [1], si une entente, réalisant un monopole, ne s'était établie entre tous les fabricants de soude. Il serait donc injuste de faire remonter la cause de ces monopoles à l'existence des tarifs douaniers. L'artifice ne paraît pas avoir de rôle dans leur création; mais la supériorité de fabrication résultant d'une découverte chimique est telle qu'elle s'impose absolument et constitue un monopole de fait au profit de l'usine qui l'exploite, tant que son procédé reste secret ou qu'un brevet lui en garantit la jouissance exclusive. Dans l'un comme dans l'autre cas, ces monopoles sont forcément temporaires, exceptionnels, et pratiquement impossibles à étudier.

Tout autre est l'allure des syndicats de producteurs qui se sont formés dans la métallurgie française. En premier lieu, aucun mystère n'entoure l'existence de plusieurs d'entre eux. Le Comptoir de Longwy, notamment, publie ses statuts et laisse discuter ses opérations au grand jour. Peu de maisons de commerce s'accommo-

---

1. Voir, dans le Rapport spécial de l'*Exposition collective des Industries chimiques allemandes en 1900*, p. 6 et 7, les circonstances particulières à l'Allemagne qui permettaient plus facilement dans ce pays la survivance du procédé Leblanc.

deraient de cette politique. « Nous sommes une maison de verre », me disait un jour le directeur du Comptoir, et j'ai pu vérifier qu'il disait vrai. En second lieu, il ne s'agit plus d'une industrie exceptionnelle, comme celle de la glacerie, ou d'une industrie à marché faussé, comme celle du sucre, par des taxes abusives. La métallurgie a des centres nombreux et importants dans plusieurs provinces françaises et dans une foule de pays étrangers. Elle n'est aucunement une industrie de luxe à consommation limitée, mais au contraire une industrie fondamentale, susceptible d'applications sans nombre, par conséquent d'une consommation très extensible. Enfin, si elle est protégée par des tarifs douaniers d'ailleurs relativement modérés, elle ne connaît ni les taxes fiscales intérieures, ni les primes de sortie de l'industrie sucrière. C'est en somme une branche fort importante du travail national, et elle se trouve placée dans les conditions ordinaires; elle constitue, par suite, un bon type d'observation.

Il se rencontre donc que les syndicats métallurgiques sont, à la fois, les moins secrets et les plus intéressants à étudier. Enfin une autre circonstance les recommande à l'attention des hommes de science, c'est qu'ils ont des analogues en pays étranger et que, par suite, ils peuvent fournir l'occasion de comparaisons curieuses et fécondes en résultats. Nous savons à quel trust gigantesque la fabrication de l'acier et la métallurgie en général ont donné naissance aux États-Unis. Parmi les cartells allemands, ceux qui ont la métallurgie pour objet comptent parmi les plus considérables; fontes, poutrelles, acier demi-ouvré, machine et fil de fer, grosse tôle et tôle mince, traverses métalliques pour chemins de fer, locomotives, wagons, etc., ont donné lieu à de puissants syndicats. S'il existe, comme c'est vraisemblable, une cause originelle commune aux trusts américains, aux cartells allemands et aux ententes industrielles françaises, malgré les différences profondes qui les séparent, c'est par leur comparaison dans une même industrie qu'on parviendra le plus sûrement à les dégager.

En tête des syndicats de la métallurgie marche le *Comptoir métallurgique de Longwy*; c'est le plus ancien de tous[1]; il est resté le plus impor-

---

1. La forme particulière de Comptoir ou Bureau de vente avait été adoptée quelques années auparavant par une entente industrielle née à Nancy entre les producteurs de sel. C'est le *Comptoir des Salines de l'Est*.

tant, et son exemple ou son influence ont déterminé la formation de plusieurs autres comptoirs. Enfin, son action a été d'autant plus marquée qu'il avait pour objet un produit peu fini, destiné par conséquent à passer souvent par plusieurs mains avant d'atteindre sa forme définitive. Le Comptoir de Longwy est un comptoir de fontes brutes en effet. Les aciéries, les fonderies, les forges et les laminoirs, les tréfileries, l'ensemble des établissements métallurgiques qui transforment la fonte brute de mille manières, se trouvaient par conséquent avoir affaire à lui. On se rend compte qu'un résultat quelconque, atteignant un produit susceptible de tant d'élaborations nouvelles et parfois successives, à peu près inutilisable, d'ailleurs, dans sa forme présente, atteigne en même temps par répercussion toute la série des usines qu'il lui faudra traverser avant d'arriver au consommateur. Au contraire, une modification touchant un produit fini n'intéresse guère que le consommateur lui-même.

Telles sont les raisons qui nous ont déterminé à étudier avec quelques détails l'organisation, les causes et les effets du Comptoir métallurgique de Longwy.

## II. — L'organisation du Comptoir de Longwy.

Le Comptoir métallurgique de Longwy est une société en nom collectif, au capital de 78 000 francs, formée entre 11 sociétés industrielles « pour l'achat aux associés et la revente en France, dans les colonies françaises et dans les pays soumis au protectorat de la France, de toutes les fontes brutes de leur fabrication produites dans les hauts fourneaux qu'ils possèdent actuellement dans les départements de Meurthe-et-Moselle et de la Meuse, ainsi que dans ceux qu'ils pourraient y acquérir ou construire[1] ».

Le Comptoir constitue, par conséquent, pour les 11 sociétés adhérentes, un organisme commercial commun, un vendeur unique. On soustrait à son action toute la fonte brute que les établissements, membres du Comptoir, ne fabriquent pas pour la vente, c'est-à-dire toute celle qu'ils dénaturent et transforment eux-mêmes. Ils sont libres d'augmenter ou de diminuer à leur gré cette partie de leur fabrication. Et elle est très importante. Elle atteint normalement les deux tiers de la production totale. Par

1. Art. 1 des Statuts.

exemple, la société métallurgique de Gorcy
produit annuellement, dans ses deux hauts fourneaux, 38 000 tonnes de fonte brute de toute
nature. Mais ses fours à puddler donnent
20 000 tonnes de fer, ses laminoirs 10 000 tonnes
et ses cubilots livrent 3 600 tonnes de fonte ou
de bronze de moulage [1]. Bien que ces chiffres ne
permettent pas de déterminer exactement la proportion de fonte brute utilisée directement par
la société, ils suffisent à montrer qu'elle est
considérable et qu'elle dépasse de beaucoup les
quantités livrées au Comptoir métallurgique de
Longwy. De même, la société d'Aubrives et Vil-
lerupt a une production annuelle de 54 000 tonnes
de fontes brutes, dont elle transforme elle-même
35 000 tonnes en pièces et appareils divers.

Ainsi les sociétés adhérentes conservent une
entière liberté pour les produits de toute espèce
dont la fonte brute est la matière première.
C'est là un point qui mérite d'être mis en relief
parce qu'il caractérise nettement le but du Comptoir. Si le Comptoir voulait se livrer à des opérations d'accaparement, s'il voulait raréfier arti-

---

1. Ces chiffres et ceux qui suivent sont extraits des notices
publiées par les sociétés elles-mêmes à l'occasion de l'Exposition de 1900.

ficiellement la marchandise qu'il détient pour en faire hausser le prix, son action devrait s'étendre non seulement sur les fontes brutes, mais aussi sur leurs dérivés. Tout au moins, il ne permettrait pas à ses adhérents d'encombrer le marché de fontes moulées, de fers, d'aciers, parce que cet encombrement se répercute forcément sur le marché des fontes brutes. On n'imagine pas un accapareur de blés laissant ses complices produire et vendre sans contrôle toutes les farines qu'ils voudraient; il est clair qu'il verrait là une de ces fissures — et celle-là ne serait pas malaisée à découvrir — par lesquelles s'échappent si souvent les marchandises renfermées et comprimées dans le cercle artificiel d'une combinaison d'accaparement.

Mais le Comptoir ne fait pas une manœuvre. C'est un commissionnaire vendant au mieux des intérêts de ses commettants; c'est un distributeur de commandes; ce n'est pas un spéculateur. La meilleure preuve c'est que son existence remonte à vingt-quatre ans. Il s'est développé depuis, comme s'est développée l'industrie métallurgique dans l'Est de la France, et parallèlement à elle. Il a été reconstitué plusieurs fois, avec une ampleur toujours croissante, mais sans modification profonde. Il n'a donc en aucune manière le caractère passager d'un accapare-ment.

Les adhérents du Comptoir ne sont pas libres seulement de produire toute la fonte brute qu'ils désirent à condition de la dénaturer eux-mêmes; ils échappent aussi à tout contrôle de la part du Comptoir pour la fonte brute vendue par eux à l'exportation. Qu'une batterie de hauts four-neaux ait avantage à rester en activité, voire même à augmenter sa production, quand le marché français se refuse à l'absorber, elle peut passer à l'étranger tels contrats qu'elle voudra, inonder la Belgique ou l'Allemagne de fonte brute à des prix très inférieurs au cours. L'ar-ticle premier des statuts prévoit, il est vrai, la création éventuelle d'un comptoir d'exportation, « dont le siège pourra être fixé dans l'immeuble du Comptoir métallurgique et pourra 'fonc-tionner sous les ordres de son directeur-gérant et avec le même personnel », mais il ajoute aus-sitôt : « Tout sociétaire désireux de conserver son indépendance ne pourra être contraint par une décision prise par la majorité à faire partie de ce comptoir d'exportation. » Le Comptoir est donc d'une manière bien caractérisée un organisme souple; il peut, suivant la volonté de quelques-uns de ses adhérents, se charger pour eux de la vente des fontes brutes à l'étranger, comme il se charge pour tous de la vente des fontes brutes en pays français; mais il n'oblige aucun d'eux à suivre les décisions de la majorité en dehors de l'objet précis et limité pour lequel il y a eu entente. Ce n'est pas un engrenage saisissant le maître de forges indépendant et l'entraînant peu à peu tout entier. C'est un organisme à son service, auquel il a confié un mandat déterminé, auquel il pourra éventuellement avoir recours pour d'autres mandats également déterminés, mais sans que jamais il abdique entre ses mains.

Il peut arriver aussi que le Comptoir achète et vende d'autres fontes que celles produites par les associés [1]. C'est que le Comptoir est un commerçant et que, comme tout bon commerçant, il est obligé de satisfaire sa clientèle. Lorsque cette clientèle demande plus de fonte que les hauts fourneaux syndiqués ne peuvent en produire, le Comptoir s'ingénie à lui en procurer, et pour cela, il en achète où il peut, aux prix

_______________

1. Art. 1 des Statuts.

qu'il peut. En 1899, par exemple, il a dû faire venir de l'étranger une certaine quantité de fontes à 105 francs la tonne, pour compléter des livraisons faites à 63 francs la tonne, par suite des « marchés à échelles », dont nous expliquerons plus loin le fonctionnement. Cela n'est pas précisément le fait d'un accapareur; c'est un de ces sacrifices qu'une puissante maison de commerce peut avoir exceptionnellement avantage à consentir pour satisfaire et s'attacher sa clientèle.

Le Comptoir avait, en sa qualité de commerçant, un avantage sérieux et réel, bien qu'éloigné, à agir ainsi. Sa clientèle, c'est l'ensemble de la métallurgie française qui usine la fonte brute, spécialement les forges, laminoirs et aciéries d'importance secondaire. On sait, en effet, que les grands établissements comme le Creusot, les aciéries de Denain et Anzin, celles de Longwy, etc., possèdent en général leurs mines de fer, de houille, leurs hauts fourneaux. Leur puissance les met à même d'échapper ainsi aux fournisseurs de matières premières, en particulier aux détenteurs de fontes brutes. Ce n'est pas seulement à eux que le Comptoir de Longwy a affaire ordinairement, mais au moins autant aux usines plus modestes qui, transformant la fonte brute en fonte moulée, en fer, en aciers plus ou moins ouvrés, ne possèdent pas de hauts fourneaux. Cette clientèle a souvent de la peine à supporter la concurrence de ses puissants rivaux ; elle a besoin d'être soutenue dans les moments de crise, précisément parfois aux époques de grande activité, alors que l'abondance de la demande fait hausser le prix de la matière première. Si le Comptoir profitait dans ces moments-là de sa situation prépondérante pour exploiter cette clientèle, comme on l'en a accusé ; si même il ne s'ingéniait pas à lui venir en aide, il risquerait de la voir disparaître promptement ; elle serait absorbée par les colossales entreprises qui seules subsisteraient sur ses ruines. L'intérêt bien entendu du Comptoir, son intérêt de commerçant, l'oblige donc à soutenir sa clientèle, et il le fait.

Non seulement il le fait, mais son rôle se borne à cela ; il n'est organisé en réalité que pour cela. Le Comptoir est chargé de trouver et de conserver une clientèle aux hauts fourneaux. Bien différent des syndicats allemands qui, pour éviter la surproduction, fixent d'avance à chaque usine adhérente le tonnage de marchandises qu'elle devra livrer, le Comptoir laisse ses membres libres de fabriquer autant de fonte brute qu'il leur plaît; il divise simplement les commandes françaises qui lui arrivent entre chacun d'eux suivant l'importance reconnue de son établissement. Au lieu de leur fixer un tonnage, il leur fixe un *quantum*, une proportion, un coefficient. En d'autres termes, le Comptoir passe à ses adhérents tous les ordres qu'il reçoit; il vend exactement toute la fonte qu'il peut; il se renferme dans son rôle de vendeur; son seul caractère particulier est d'être le vendeur unique d'un certain nombre de hauts fourneaux sur le marché français. Il fait pour eux la chasse à la clientèle et distribue entre eux le produit de sa chasse suivant l'importance des intérêts qu'ils lui ont confiés. C'est donc une erreur de dire, comme le font souvent les amis du Comptoir, qu'il a pour but de régulariser la production ou, comme le disent ses ennemis, qu'il a pour but de la réglementer arbitrairement. Il n'a pas d'action directe sur la production; la seule chose qu'il régularise c'est la *distribution des ordres de vente* entre ses adhérents. Au surplus, tout cela apparaîtra plus clairement encore quand nous étudierons les effets produits par le Comptoir depuis sa fondation.

Le caractère purement commercial du Comptoir, sa fonction de commissionnaire, sont mis en relief également par les ressources matérielles qui assurent sa marche. Ces ressources proviennent des remises allouées sur le montant de chaque facture, et dont le taux est fixé par le conseil à chaque semestre[1]. Ce sont, à proprement parler, des droits de commission. Quant au capital social de 78 000 francs, il est souscrit par chacune des sociétés adhérentes dans la proportion de l'importance de ses ventes, sur les mêmes bases qui servent à fixer son *quantum* dans l'exécution des ordres passés au Comptoir.

Enfin il est utile de signaler de suite, pour prévenir une confusion trop fréquente et malheureusement autorisée par une similitude de noms, la différence profonde qui sépare en fait la création du *Comptoir* de Longwy et celle des *Bureaux de vente* des syndicats allemands. Le Comptoir de Longwy a été fondé *à l'état de comptoir* le 10 décembre 1876 par quatre maîtres de forges lorrains, M. Joseph Labbé, agissant pour la société de Gorcy et Mont-Saint-Martin, M. le baron Oscar d'Adelsward, M. Théophile Ziane et

---

1. Voir l'article 38 des Statuts.

M. Gustave Raty. Il n'avait été précédé d'aucun syndicat, d'aucune entente industrielle, d'aucun essai de réglementation de la production et des prix. A cette époque, d'ailleurs, ces sortes de contrats étaient à peu près inconnus[1]. Quatre maîtres de forges se réunissaient pour avoir un organe de vente commun; voilà tout, et depuis lors, le Comptoir de Longwy, avec un plus grand nombre d'adhérents, avec une plus grande importance par conséquent, est resté ce qu'il était au début. Il a grandi, mais il n'a pas évolué, il ne s'est pas transformé. Fondé comme comptoir de vente il y a vingt-cinq ans, il est encore aujourd'hui un comptoir de vente.

Tout autre est la genèse des bureaux de vente allemands. Ils sont un moyen d'assurer la discipline du syndicat, un aboutissement de l'évolution commencée par des ententes. Jamais les industriels allemands n'ont éprouvé le besoin de constituer un bureau de vente pour avoir un bureau de vente; c'est, au contraire, une contrainte à laquelle ils se sont soumis pour empêcher les adhérents des ententes d'échapper à leurs engagements. Et ils ne sont parvenus que plus

---

1. J'entends parler ici, bien entendu, des *ententes industrielles,* non des accaparements.

tard, par degrés, à cette conception. Tandis que le Comptoir de Longwy remonte à 1876 et que déjà en Lorraine, une institution analogue, le Comptoir des Salines de l'Est, avait été créée auparavant ; en Allemagne, il faut arriver à 1885 pour trouver le premier essai de vente par un agent unique ; il fut tenté par le syndicat westphalien des cokes, à la suite d'une série de conventions plus ou moins heureuses pour limiter la production[1].

L'histoire du Comptoir de Longwy comparée à celle des bureaux de vente allemands nous conduit donc à cette conclusion, que le Comptoir de Longwy a son but en lui-même, tandis que les bureaux de vente allemands ne sont qu'un moyen détourné pour atteindre un autre but. Ils ont été établis pour empêcher la fraude entre syndiqués. Le contraste va d'ailleurs s'accentuer par l'examen des causes qui ont amené la création du comptoir.

---

1. Voir *Aperçu historique sur les syndicats de vente des combustibles dans le Bassin Westphalien*, par E. Gruner et E. Fuster, p. 17.

### III. — Les causes de la création du Comptoir de Longwy.

Le Comptoir métallurgique de Longwy a été fondé pour faire connaître un produit mal connu, et il a pu réussir parce que ce produit était uniforme dans la région. Toutes les causes qui ont présidé à son origine et favorisé son succès se ramènent à ces deux éléments principaux : 1° la nécessité d'organiser puissamment la vente des fontes lorraines peu réputées jadis ; 2° la possibilité d'organiser en commun la vente des fontes de différentes usines, à cause de la qualité semblable de ces fontes.

Comment les minerais de la Lorraine étaient-ils moins recherchés autrefois? Pourquoi sont-ils devenus, il y a une vingtaine d'années, susceptibles de fournir des fontes de réelle valeur? Cela tient à une découverte bien connue en métallurgie, celle du procédé basique Thomas pour la transformation de la fonte phosphoreuse en acier.

Avant la connaissance de ce procédé, la proportion de 0,5 à 0,8 de phosphore contenue dans les minerais de la Moselle se retrouvait dans tous leurs dérivés, fontes, fers, aciers; on ne parvenait pas à s'en débarraser. A cette époque, c'était un proverbe parmi les fondeurs qu' « un seul kilogramme de fonte lorraine dans un wagon de fonte anglaise gâtait toute la fusion ». Et, en effet, ce seul kilogramme introduisait dans le métal produit l'élément « phosphore » qui nuisait beaucoup à sa qualité.

Le procédé basique Thomas a permis d'employer comme comburant dans le convertisseur et par suite d'éliminer de l'acier ce phosphore contenu dans la fonte. Avec de la fonte phosphoreuse on a pu obtenir de l'acier non phosphoreux. Dès lors, la fonte lorraine devenait propre à la fabrication de l'acier.

D'autre part, le bon marché de l'acier obtenu par le convertisseur amenait ce résultat que l'acier se substituait peu à peu au fer, dans les rails de chemins de fer, dans les fers employés pour la construction, etc. L'infériorité de la fonte lorraine pour la fabrication du fer avait donc beaucoup moins d'importance. En 1878, la production du fer était en France plus du double de celle de l'acier (813 000 tonnes de fer contre 340 000 tonnes d'acier). En 1888, l'acier rattrape le fer (634 000 tonnes de fer contre 592 000 tonnes d'acier). En 1899, la proportion se trouve renversée en faveur de l'acier, dont le poids atteint presque le triple de celui du fer (556 000 tonnes de fer contre 1 529 000 tonnes d'acier)[1]. Cette victoire de l'acier est, on le comprend, tout à l'avantage de la fonte lorraine.

Mais étant donnés les préjugés régnant contre les fontes lorraines, ou plus exactement, étant donnée la nouveauté de la découverte qui permettait leur utilisation, les maîtres de forges isolés les uns des autres, et même se nuisant les uns aux autres, auraient eu beaucoup de peine, au début, à faire accepter les produits de leurs hauts fourneaux. Il fallait vaincre la résistance des vieilles habitudes, créer des débouchés nouveaux, consentir parfois d'assez lourds sacrifices pour enlever une première commande. Il fallait un organisme commercial puissant. La création du Comptoir métallurgique de Longwy répondit à ce besoin.

Quatre établissements se réunirent d'abord en 1876 pour vendre leurs fontes en commun. Ils ne constituaient pas à eux quatre les 90 p. 100 de la production totale des fontes lorraines, loin de là ; ils auraient donc été tout à fait incapables

---

1. Voir G. Villain, *le Fer, la Houille et la Métallurgie*, p. 45.

d'exercer une domination sur le marché; mais ce n'était pas leur but. Ils voulaient simplement faire connaître leurs produits, triompher de la réputation fâcheuse qui avait éloigné jusqu'alors la clientèle, et ils s'associaient pour obtenir ce résultat. Plus tard, d'autres maîtres de forges, ayant constaté que l'exemple était bon à suivre, se joignirent à eux; l'institution grandit par leur adjonction et se développa, mais sans que son but primitif, tout commercial, fût essentiellement modifié. Le Comptoir d'aujourd'hui est la même société que celle de 1876, renouvelée un certain nombre de fois avec un chiffre d'adhérents toujours plus grand. Il s'agit toujours d'organiser la vente en commun des fontes lorraines, non de les monopoliser. Des usines viennent au Comptoir; d'autres le quittent; ni ces adhésions nouvelles ni ces défections n'entravent sa marche, parce que celle-ci n'est pas liée, comme celle des syndicats allemands, à l'imposition d'une contrainte générale.

Voilà donc le but bien précis et bien clair du Comptoir de Longwy : vendre la fonte de plusieurs hauts fourneaux qui s'engagent à le prendre comme seul intermédiaire commercial. Si le but a été atteint, c'est que les fontes provenant

de ces hauts fourneaux lorrains étaient sensiblement les mêmes. Tous les minerais de la Moselle se ressemblent en effet : légèrement phosphoreux, peu riches en fer, ne rendant guère
plus de 29 à 32 p. 100 au haut fourneau. Et les
variétés de fontes produites sont comparables
entre elles. L'article 38 des statuts détermine
les huit sortes différentes mises en vente par le
Comptoir, ainsi que l'écart de prix qui existe
statutairement entre chacune d'elles. Le prix de
la fonte « blanche » étant choisi comme prix de
base, on sait, par exemple, que la fonte « truitée
blanche » recevra une majoration de 0 fr. 50 par
tonne, les « bocages » une majoration de 1 fr. 50
par tonne, les diverses « fontes de moulage »
une majoration variant, suivant leur numéro,
de 4 à 8 francs par tonne. Quant à l'écart attribué à la fonte Thomas, il est décidé en conseil
pour chaque semestre.

Ainsi, soit d'une manière permanente, soit
avec un écart variable, les neuf sortes de fontes
vendues par le Comptoir sont classées entre
elles au point de vue de leur prix, et chaque
tonne de chaque sorte est supposée de qualité
égale à n'importe quelle autre tonne de la même
sorte, quelle que soit sa provenance. Il ne s'agit

pas là, d'ailleurs, d'une fiction statutaire, car la clientèle est réellement indifférente à la provenance des fontes que lui livre le Comptoir. Elle passe un ordre pour 500 tonnes de fonte de moulage n° 3 de qualité marchande, par exemple, sans s'inquiéter ordinairement de l'usine qui l'exécutera.

Et c'est précisément parce que la clientèle est aussi bien servie par l'une ou l'autre des usines adhérentes, que celles-ci ont pu organiser la vente en commun de leurs fontes ordinaires.

Lorsqu'elles produisent des fontes spéciales, le Comptoir reste leur agent de vente pour ces fontes, mais à leur compte individuel, non au compte général de tous les associés. La vente de ces fontes est une opération à part, une opération accessoire, qui ne peut causer à la société ni pertes, ni bénéfices. La société n'existerait pas, par suite, pour ces marchandises un peu exceptionnelles. Elle cesse même d'exister en ce qui les concerne, le Comptoir devenant, dans ce cas, l'agent de vente d'une seule usine, au lieu d'être l'agent général de plusieurs usines associées [1].

---

1. ART. 34 DES STATUTS : « Ne seront pas *comprises dans le quantum de production* attribué à chaque usine les fontes désignées à l'article 24 (mitrailles, jets de fonderie, lingotières, débris de toutes sortes et généralement toutes fontes

Vendre des fontes de qualités comparables et de consommation courante, telle est, d'après les statuts et aussi d'après l'origine historique du Comptoir, l'entreprise à laquelle il se livre. Mais les progrès accomplis par la métallurgie lorraine depuis vingt ans, d'une part, l'adhésion de la plupart des hauts fourneaux de la région travaillant pour la vente, d'autre part, ont donné une telle importance au Comptoir métallurgique de Longwy; elles lui ont attiré tant de jalousies et de critiques qu'il est nécessaire d'examiner les reproches dont il a été l'objet. Au surplus, ce sera le meilleur moyen de connaître dans le détail les résultats de l'institution. A s'en tenir à son organisation initiale et aux causes de sa création, on risquerait de juger le Comptoir dans la modestie de ses premières années. Son rôle a grandi depuis lors; il faut donc l'observer

susceptibles d'être utilisées au lieu et place de la fonte brute), ni les fontes de moulage très résistantes, les spiegel ferromanganèse, etc., ayant une valeur de 30 p. 100 au moins supérieure au prix des fontes ordinaires. »

« Ces fontes seront néanmoins vendues par le Comptoir pour le compte du producteur et conformément à ses instructions. Elles ne seront facturées au Comptoir qu'au fur et à mesure des livraisons à la clientèle. Elles supporteront leur part de frais généraux ainsi que le prélèvement prévu à l'article 40 (fonds de réserve pour pertes provenant de mauvaises créances), *mais, ne participeront ni dans les pertes ni dans les bénéfices du Comptoir.* »

tel qu'il fonctionne aujourd'hui; il faut surtout
se rendre compte s'il est demeuré fidèle à son
origine, s'il est resté un comptoir de vente, ou
s'il est devenu un instrument de monopole.
Pour cela, nous examinerons successivement
quelle a été l'action du Comptoir sur la production métallurgique et sur les prix de vente; c'est-
à-dire comment le Comptoir a traité ses clients,
s'il les a servis ou exploités. Nous rechercherons
ensuite quel a été son rôle vis-à-vis des hauts
fourneaux de la Moselle, c'est-à-dire comment il
a traité ses adhérents, s'il les a aidés ou opprimés.
Enfin, nous aurons à nous demander si l'entreprise qu'il poursuit est solidement établie sur les
conditions actuelles de l'industrie, ou bien si sa
base a quelque chose d'artificiel et de précaire.

## IV. — Le Comptoir de Longwy et sa clientèle.

La clientèle est ombrageuse de sa nature.
Chaque fois qu'un produit demandé par elle ne
peut pas lui être livré en quantité suffisante et
que, par suite, son prix tend à monter, elle est
portée à croire que ce produit est artificiellement
raréfié sur le marché, qu'une volonté toute-puis-

sante retient l'offre, bref, qu'elle est victime d'une manœuvre d'accaparement.

Lorsque, sur un marché donné, elle se trouve en face d'un vendeur unique ou à peu près unique, ses soupçons se confirment et elle crie à l'oppression, sans se demander à qui remonte la responsabilité de la situation qu'elle constate.

Et c'est naturellement aux périodes de grande activité, alors que la demande se multiplie au point de dépasser l'offre, que les apparences d'exploitation, d'accaparement, sont les plus fortes, de manière que, par un contraste bizarre, les plaintes sont d'autant plus vives que la prospérité est plus grande.

Ainsi, au cours des années 1899 et 1900, les usiniers français qui dénaturent la fonte brute n'obtenaient pas toujours des hauts fourneaux toutes les quantités qu'ils demandaient. Le Comptoir de Longwy se trouvait, d'autre part, à ce moment-là, à peu près le seul vendeur de fontes brutes. Et quelques usiniers — non parmi les mieux renseignés ni les plus avisés — en conclurent que le Comptoir restreignait la production des fontes brutes.

Ces usiniers n'oubliaient qu'une chose, c'est que le Comptoir de Longwy était à peu près seul à vendre des fontes à ce moment-là, non pas parce qu'il avait acheté préalablement la production des hauts fourneaux indépendants de lui, mais parce que ceux-ci refusaient de la vendre, de la mettre en circulation. En réalité, il était le seul producteur qui consentît à vendre de la fonte brute, ce dont il aurait fallu plutôt lui être reconnaissant, si ce sentiment trouvait sa place dans les transactions commerciales. Voici en effet ce qui se passait en 1899.

La production totale de la fonte en France, cette année-là, avait été de 2 567 000 tonnes, soit 1 565 000 tonnes pour le département de Meurthe-et-Moselle et 1 002 000 tonnes pour le reste de la France. Ce million de tonnes de fonte brute, produit en dehors de la Meurthe-et-Moselle, avait été presque entièrement transformé soit en acier, soit en fer par les établissements mêmes qui l'avaient produit; il n'avait donc été l'objet d'aucun marché à l'état de fonte brute. Sur le million et demi de tonnes de fonte lorraine, plus des deux tiers avaient été transformés également en acier, en fer ou en fonte moulée, par leurs producteurs, adhérents ou non au Comptoir. Enfin le Comptoir avait livré au marché français 454 000 tonnes.

M. Georges Villain, dont je résume ici les très exactes affirmations [1], les fait suivre de cette conclusion : « On voit ainsi que le Comptoir de Longwy exerce bien une action prépondérante sur la masse de fonte susceptible d'être livrée à la consommation française. » Le jugement serait irréfutable si le Comptoir était toujours seul à fournir de la fonte brute au marché français, mais en fait cette situation est propre à l'année 1899, année de grande activité métallurgique, comme on le sait; elle n'existait pas avant la période de prospérité, elle a disparu depuis, elle est exceptionnelle. « Nous n'avons été pratiquement les seuls vendeurs de fonte brute en France, me dit malicieusement le directeur du Comptoir, M. Aubé, que lorsque personne autre que nous n'a voulu en vendre. » Chaque aciérie, chaque forge, chaque laminoir, travaillant à force, tous ceux de ces établissements qui se trouvaient liés à des hauts fourneaux absorbaient toute leur production de fonte brute. Aujourd'hui, au contraire, les hauts fourneaux des Landes, de la Loire, de la Méditerranée, de la Haute-Marne, font concurrence à ceux de la

---

1. *Le Fer, la Houille et la Métallurgie*, p. 84 et 85.

Moselle. Au mois de mai 1901, le Comptoir recevait fréquemment des lettres de ses clients lui faisant part des offres avantageuses de fonte brute qui leur étaient faites par des producteurs français, et nous verrons tout à l'heure que le Comptoir modifiait ses marchés en conséquence. Si vraiment il exerçait une « action prépondérante sur la masse de fonte livrée à la consommation française », on peut bien penser qu'il écarterait les fontes importunes qui l'obligent à revenir sur des contrats en cours d'exécution. Mais quelle action pourrait-il bien avoir, prépondérante ou non, sur les nombreux hauts fourneaux français qui ne sont pas ses adhérents? Comment pourrait-il agir sur les sociétés qui les dirigent pour engager celles-ci à transformer elles-mêmes leurs fontes brutes, au lieu de les jeter sur le marché? La vérité est que ces sociétés s'inspirent de la situation industrielle, travaillent suivant les commandes qu'elles reçoivent ou suivant les besoins qu'elles prévoient. En 1899, en 1900, elles ne pouvaient pas fournir à la demande assez d'acier, de fer ; elles usinaient leurs fontes. Aujourd'hui, elles craignent la surproduction, elles vendent leurs fontes et font ainsi concurrence au Comptoir. Celui-ci ne saurait en être rendu responsable.

Et il ne l'était pas davantage lorsque seul ou à peu près seul, il livrait des fontes brutes aux métallurgistes français. Pas plus alors que maintenant il ne cherchait à amener une raréfaction de la marchandise. Les chiffres de ses livraisons sont d'ailleurs là pour le prouver. En 1899, le Comptoir a livré à sa clientèle 454 000 tonnes de fonte, alors qu'en 1898 il en avait livré seulement 396 000 tonnes et 391 000 en 1897. La rareté très réelle de la fonte sur le marché ne provenait donc pas de son fait. Elle était due à un ensemble de circonstances parfaitement connues, d'a' ord à l'absence d'offres de la part des hauts fourneaux liés à des établissements de transformation, ensuite à la difficulté générale de se procurer des cokes, difficulté qui empêchait de forcer autant qu'on l'aurait voulu la production des hauts fourneaux.

Au surplus, à supposer que le Comptoir de Longwy eût été à même de restreindre la production, il n'y aurait pas eu avantage en raison des contrats à long terme qui le liaient à sa clientèle. Les accapareurs ne cherchent à agir sur la production que pour amener une hausse de prix ; or le Comptoir était engagé par des « marchés à échelles » d'après lesquels le prix de la fonte brute se trouve réglé mécaniquement par le prix du coke; par suite, des manœuvres tendant à raréfier la fonte sur le marché n'auraient pu avoir un effet que si le Comptoir avait rompu ses engagements, et il est de notoriété publique qu'il les a tenus. Il a vendu, pour y rester fidèle, au prix moyen de 62 à 63 francs, des fontes cotées environ 100 francs à l'étranger.

D'où vient donc le reproche, adressé parfois au Comptoir, de fixer les prix souverainement et sans contrôle? Il est aussi peu fondé que le reproche de restreindre la production et il a été formulé par quelques clients mécontents des résultats de leurs entreprises et disposés à rejeter sur les « marchés à échelle », librement consentis par eux avec le Comptoir, la responsabilité de leur insuccès.

Le marché à échelle consiste dans la fixation conventionnelle d'un prix de base et d'un coefficient d'augmentation ou de diminution du prix de la fonte suivant la variation du prix du coke. Le Comptoir convient, par exemple, avec sa clientèle de lui vendre la fonte 51 fr. 50 la tonne quand le coke vaut 21 francs. C'est le prix de base; puis il convient également de fixer à 1 fr. 25 par tonne l'augmentation ou la diminution du prix de la fonte, chaque fois que la tonne de coke augmentera ou diminuera d'un franc. C'est le coefficient. Il se justifie par ce détail technique qu'il faut généralement mettre au haut fourneau une tonne un quart de coke pour obtenir une tonne de fonte.

On aperçoit facilement l'avantage de cette combinaison. Grâce à elle, les contrats peuvent être passés pour de longues périodes, trois ans, cinq ans parfois, et le client du Comptoir se trouve assuré d'une certaine fixité relative dans ses prix d'achat. Il est à l'abri des surprises brusques.

Toutefois, il pourrait y avoir un inconvénient pour les acheteurs de fontes brutes, ce serait que le producteur, n'ayant plus intérêt à acheter ses cokes cher ou bon marché, se défendît mollement contre ses vendeurs de cokes, sauf à majorer le prix de sa fonte. Les contrats de travail avec « échelle mobile » passés entre patrons et ouvriers, dans certaines mines du Pays de Galles, par exemple, sont souvent attaqués par les Trade-Unions anglaises pour cette raison : « Vous acceptez trop facilement la baisse du charbon, dit-on aux patrons, sachant qu'elle comporte pour vous une économie de main-d'œuvre. »

La situation n'est pas la même pour les hauts fourneaux adhérents au Comptoir. En effet, les propriétaires de ces hauts fourneaux ne vendent pas, nous le savons, toute leur fonte brute; ils en dénaturent eux-mêmes les deux tiers, et ils ont intérêt à ce que cette partie leur revienne le moins cher possible. Si, comme vendeurs de fonte, ils pouvaient se laisser aller à payer les cokes au-dessus du cours, sous prétexte qu'ils n'y perdraient pas, comme dénatureurs de fontes ils y perdraient certainement. D'un autre côté le prix de la fonte varie suivant le prix moyen du coke dans la région de la Moselle, et non suivant le prix réel payé par un haut fourneau déterminé. Chacun d'eux a donc individuellement le plus sérieux avantage à payer son coke au plus bas prix. Le bénéfice ou la perte résultant de l'opération peut très bien tenir à ce seul élément; en tout cas, il n'est jamais négligeable.

Malgré ces raisons péremptoires, on a porté contre le Comptoir une accusation d'apparence très forte parce qu'elle est fondée sur un raisonnement mathématique. « Le Comptoir a intérêt à la hausse des cokes, a-t-on dit, car la rémunération de son travail augmente mathématiquement. Lorsque le Comptoir dit : Je vous vends la fonte 51 fr. 50 quand le coke vaut 21 francs, cela signifie que le fabricant reçoit, en plus du prix du coke, une somme de 30 fr. 50 qui représente ses dépenses de fabrication et son bénéfice, c'est-à-dire sa rémunération. Or il est facile de voir que le coke étant à 22 fr. 725, la fonte sera facturée 53 fr. 656, ce qui fait ressortir une rémunération de 30 fr. 931 ; et que si le coke monte à 29 fr. 75 la fonte sera vendue 62 fr. 437, portant à 32 fr. 687 la rémunération du fabricant[1]. »

Ce raisonnement mathématique est parfaitement inexact. Quand le coke vaut 21 francs, le fabricant ne reçoit pas 30 fr. 50 en plus du prix du coke, puisque pour produire une tonne de fonte il a employé non une tonne, mais une tonne et 1/4 de coke, soit 26 fr. 25 de coke. Sa rémunération est donc de 25 fr. 25. Et elle demeure *exactement la même*, quel que soit le prix du coke. Si celui-ci valait 40 francs la tonne, on en mettrait pour 50 francs dans le haut fourneau, par tonne de fonte à produire. Et cette fonte vaudrait 75 fr. 25. Or 75 fr. 25 — 50 francs = 25 fr. 25.

---

1. Voir Georges Villain, *op. cit.*, p. 102.

Le plus curieux, c'est que même si le raisonnement mathématique était exact, la conclusion à laquelle il aboutit serait fausse quand même, parce qu'il ne correspond pas à la réalité des faits. Le coke vendu 21 francs est toujours meilleur en effet que le coke vendu 40 francs. Autrement dit, plus le coke est cher et plus il est mauvais. C'est une vérité d'expérience, bien connue des infortunés métallurgistes dont quelques-uns se sont trouvés réduits, au début de 1900, à employer des cokes de cornues à gaz achetés par eux à des prix de famine. Il en résulte que ce n'est plus une tonne 1/4, mais une tonne 2/5 ou même une tonne 1/2 de coke qu'il leur faut parfois pour produire une tonne de fonte. Dans ce cas, leur rémunération diminue. Au contraire, elle peut augmenter lorsque les cokes étant très offerts, les métallurgistes peuvent se montrer difficiles sur la qualité. Il peut arriver alors qu'une tonne de coke choisi suffise à l'élaboration d'une tonne de fonte.

Ainsi, si on prend pour base le rapport ordinaire d'une tonne 1/4 de coke à une tonne de fonte, la rémunération du fabricant reste fixe quel que soit le prix du coke. Et si, au lieu de raisonner sur une moyenne générale, on exa-

mine chaque opération en particulier, on constate qu'elle est d'autant plus avantageuse au propriétaire du haut fourneau que le prix du coke
est moins élevé. Il n'y a donc aucun doute à avoir,
les producteurs de fonte brute du Comptoir de
Longwy ont intérêt à la baisse du coke, même
si on les considère comme de simples marchands.
Nous savons d'autre part qu'ils sont aussi consommateurs de fonte, ce qui ne laisse aucune
prise au reproche allégué contre eux.

Les marchés à échelle pratiqués par le Comptoir ne constituent donc pas une habile combinaison pour opprimer le client. Ce sont des
contrats librement consentis, avec un prix de
base variable suivant les conditions générales de
l'industrie métallurgique, conditions réglées par
des faits de concurrence internationale, auxquels
ni le Comptoir ni ses clients ne peuvent rien
changer.

Il y a plus. Si au cours de ces marchés à long
terme certains faits imprévus viennent à se produire, qui renversent l'équilibre normal d'après
lequel la convention a été signée; si celle-ci
devient une source de pertes sérieuses pour la
clientèle, le Comptoir a intérêt à en suspendre
l'exécution. C'est ce qui a eu lieu au printemps

de 1901. A ce moment, le prix du coke étant resté élevé, tandis que les fers, les aciers et les fontes moulées subissaient une baisse, les fours à puddler, les aciéries, les fonderies n'auraient plus trouvé une marge suffisante de bénéfices si la fonte brute leur avait été facturée d'après le prix de base et le coefficient de leurs marchés à échelle. C'est alors que le Comptoir a passé avec ses clients des « marchés intercalaires » suspendant pour une période déterminée l'effet des marchés à échelle, et réglant conventionnellement les prix sur d'autres données. Ainsi, le Comptoir qui avait exécuté ses engagements pendant la période de grande activité métallurgique, qui avait fourni à sa clientèle des fontes au-dessous du cours, n'a pas exigé d'elle, ce qui était son droit strict, l'exécution de ces mêmes engagements alors qu'ils étaient trop désavantageux pour elle. Est-ce du désintéressement? Non, c'est de l'intérêt bien entendu, c'est le souci éclairé de conserver avant tout une clientèle prospère. C'est une conception commerciale très juste, et le Comptoir, nous l'avons déjà dit, est un commerçant.

Les syndicats allemands, qui sont des ligues de défense mutuelle formées entre producteurs d'une même marchandise, perdent de vue cet intérêt éloigné et plus large pour s'attacher à des intérêts plus immédiats et plus étroits. Ils sont animés d'un esprit corporatif en quelque sorte, et dominés par la préoccupation de s'assurer coûte que coûte une production peu variable et des prix avantageux. Pour atteindre ce résultat, ils fixent à leurs adhérents non pas une proportion donnée dans l'exécution des ordres reçus par le syndicat, mais un tonnage déterminé qu'ils s'engagent à écouler. J'ai déjà signalé cette différence capitale. Elle amène ce résultat qu'au lieu de consentir à sa clientèle des marchés intercalaires pendant la crise actuelle, comme le fait le Comptoir de Longwy, le syndicat des fontes de Dusseldorf (*Roheisen Syndikat*) oblige la sienne à accepter les mêmes quantités de fontes et au même prix qu'au moment de la grande prospérité. Dans ses rapports si documentés et si exacts, M. Pingaud, notre consul à Dusseldorf, avait signalé dès l'an dernier la pression exercée dans ce sens par le *Roheisen Syndikat*. A ceux qui lui demandaient une livraison de tant de tonnes par mois, il répondait : « Oui, mais à la condition que vous en prendrez autant et au même prix l'année prochaine. » Et aujourd'hui (mai 1901), le Bureau de vente du syndicat expédie d'office mensuellement à ses clients les fontes pour lesquelles ils se sont engagés ; certains d'entre eux les laissent en gare où elles sont saisies et vendues aux enchères, parfois à 40 p. 100 de perte. J'ai eu l'occasion d'interroger à ce sujet un industriel qui possède des forges et aciéries à la fois en Lorraine allemande et en Lorraine française. Il se trouve ainsi avoir affaire, d'une part, au syndicat allemand des fontes, d'autre part, au Comptoir de Longwy. « Le premier, me dit-il, m'encombre obligatoirement d'une matière première chère que je vends bon marché après l'avoir transformée ; le second me consent un marché intercalaire qui met le prix de cette matière première en rapport avec le prix des fers et des aciers. » Le contraste est bien accusé ; il caractérise nettement la vraie nature du Comptoir de Longwy qui est commerciale et son rôle qui est bienfaisant.

Des critiques très vives ont été adressées au Comptoir sur un point spécial. Il s'agit de l'initiative prise par lui pour la suppression de l'escompte et la diminution des délais de paiement. « C'est une charge considérable pour ceux qui n'ont pas de grands capitaux disponibles et qui sont amenés à restreindre leurs achats, dit M. Georges Villain[1]; pour les établissements importants, c'est un accroissement notable dans le chiffre des capitaux engagés. » Et M. Villain cite le témoignage d'un directeur d'usine qui estime à 700 000 francs l'immobilisation supplémentaire de son fonds de roulement résultant de cette mesure.

En réalité, la réduction des délais de paiement et la suppression de l'escompte n'ont aucunement l'allure tyrannique qu'on leur prête. Ils constituent une discipline avantageuse à tous les établissements solvables, particulièrement aux établissements modestes. En même temps, ils garantissent le Comptoir contre les pertes provenant des clients peu solvables. C'est sans doute cette dernière considération qui a poussé le Comptoir à les adopter, mais il n'en résulte pas nécessairement que la clientèle normale, celle qui paie, ait à en souffrir. Voici d'ailleurs comment les choses se passent en pratique : « Quand on facture net à trente jours, me dit le Directeur du Comptoir, qui s'est fait l'initiateur et le propagateur de cette réforme[2], cela permet de sus-

1. *Op. cit.*, p. 194.
2. *Rapport de M. G. Aubé*, directeur-gérant du Comptoir

pendre au bout de trente jours les fournitures faites au client suspect qui ne paie pas, et cela sans lui donner aucune raison. Au contraire, quand il se trouve en face d'un bon client, le Comptoir est toujours disposé à lui accorder *par faveur* un crédit plus prolongé; la raison en est simple : l'intérêt commercial étant officiellement à 6 p. 100 et pratiquement à 5 p. 100, le Comptoir est enchanté de prêter à ce taux, à des personnes sûres, l'argent qu'il obtient de la Banque de France à 3 p. 100. Donc les clients solvables sont toujours certains de trouver crédit auprès du Comptoir, malgré la règle générale officielle du paiement à trente jours. Leur situation n'a pas été rendue plus mauvaise, à ce point de vue, par la suppression de l'escompte et la réduction du délai de paiement. »

« Elle a même été améliorée au point de vue du taux d'intérêt de l'argent. L'industriel auquel on consentait 2 p. 100 d'escompte pour régler à trente jours, au lieu de quatre-vingt-dix jours net, recevait de son argent une énorme rémunération, une rémunération de 12 p. 100[1]. Une

métallurgique de Longwy, à la *Réunion des Directeurs de Comptoirs.*

1. Un escompte de 2 p. 100 pour payer à trente jours au lieu de quatre-vingt-dix jours, soit soixante jours plus tôt,

grosse affaire, disposant de larges capitaux, peut très bien trouver là un élément suffisant pour se faire des bénéfices, pour donner lieu à des dividendes, en sacrifiant tout profit proprement industriel. Mais alors quelle écrasante infériorité pour son concurrent moins puissant ou moins bien pourvu de capitaux! Entre le grand usinier qui se procure ainsi ses fontes brutes avec 2 p. 100 d'escompte et le modeste usinier qui paie à quatre-vingt-dix jours net, la différence peut être suffisante pour que, travaillant avec la même perfection et les mêmes procédés, vendant au même prix, l'un sombre pendant que l'autre s'élève. Cette différence est très diminuée au contraire, avec le système que nous pratiquons, puisque l'infériorité résultant pour un de nos clients du fait de ne pas nous payer à trente jours ressort pour lui, vis-à-vis de ses concurrents, à 5 p. 100 l'an, au lieu de 12 p. 100. La suppression de l'escompte, c'est le salut des petits. »

Nous voilà bien loin de l'affirmation d'après laquelle la suppression de l'escompte aurait oui

represente 1 p. 100 par mois, c'est-à-dire 12 p. 100 par an. L'escompte 3 p. 100 dans les mêmes conditions donne du 18 p. 100.

à tous les clients du Comptoir, spécialement aux plus modestes. C'est précisément le contraire qui a lieu. Elle a pu nuire à quelques personnes, cependant, parce qu'elle empêche certaines affaires de se monter à la légère, sans capitaux suffisants, sans surface. Il y avait, cela est vrai, un encouragement à l'activité métallurgique dans le fait d'avancer de la fonte pendant trois mois de suite à des clients quelconques, sans pouvoir avant cette époque exciper du non-paiement pour arrêter les livraisons; mais cet encouragement général et aveugle provoquait des liquidations, jetait inopinément sur le marché des produits avilis et faussait le jeu normal de la concurrence. Il ne faut donc pas parler d'oppression de la clientèle. Le Comptoir n'opprime pas sa clientèle, il ne l'exploite pas, il la sert et cela, je le répète, non par philanthropie, mais parce que c'est là sa fonction, c'est là son intérêt de commerçant.

Enfin, je ne puis pas quitter ce sujet des rapports du Comptoir avec sa clientèle sans donner quelques indications sommaires sur les variations du prix de la fonte brute, depuis l'entrée en scène des hauts fourneaux de la Moselle et par conséquent du Comptoir. « On vous accuse de fixer les prix comme vous l'entendez », disais-je un jour à M. Aubé. — « S'il en était ainsi, me répondit-il, la fonte brute vaudrait toujours 100 francs la tonne; et nous la vendons souvent 50 francs. » Tout le monde sait d'ailleurs que le peu de distance des centres d'extraction du minerai et la facilité de se procurer du combustible ont permis aux hauts fourneaux lorrains de faire une concurrence victorieuse aux usines du centre de la France; cette concurrence s'est affirmée naturellement par une baisse du produit. Dans le même ouvrage où il accuse le comptoir de Longwy de peser sur les prix, M. Georges Villain écrit ceci : « Les établissements sidérurgiques de Meurthe-et-Moselle ont fait descendre la fonte brute d'affinage, dont la valeur moyenne était de 103 francs la tonne en 1875, à 87 francs en 1880, à 58 francs en 1885 et à 51 francs en 1886[1]. » Ainsi l'effet constaté de l'organisation du Comptoir de 1876, époque de sa fondation, à 1886 est une baisse de plus de 50 p. 100 sur les fontes brutes. Est-ce à dire que le Comptoir avait été créé pour faire baisser les prix? Assurément non. Le Comptoir s'était établi

---

1. *Op. cit.*, p. 267.

pour organiser la vente des fontes lorraines encore peu connues et dépréciées. Il a réussi à les faire connaître et estimer en vendant meilleur marché que ses concurrents. Il le pouvait puisque le prix de revient était moindre que dans les autres hauts fourneaux français ; il est arrivé ainsi à donner aux fontes lorraines des débouchés considérables et à stimuler l'activité métallurgique de la région de la Moselle. C'était là son but. Mais en même temps, fatalement, il provoquait une baisse des prix.

Depuis 1886, une fois la fonte amenée au cours très inférieur de 51 francs, une fois les concurrents trop faibles évincés, une fois la clientèle du Comptoir constituée, celui-ci a-t-il provoqué un relèvement ? Non, parce que, ainsi que nous l'avons montré, la concurrence subsiste. D'ailleurs, les marchés à échelle empêchent les prix de monter arbitrairement, puisqu'ils ne peuvent augmenter qu'en raison d'une augmentation correspondante du coke, et quand le prix du coke se hausse hors de proportion avec le prix des produits métallurgiques, il arrive même que le comptoir conclut avec ses clients des marchés intercalaires. En fait, depuis 1886, la tonne de fonte brute d'affinage a oscillé, pour les clients du Comptoir, entre 50 et 65 francs; même au moment de la grande demande des fontes en 1899, alors que leur prix atteignait les anciens chiffres de 100 à 110 francs la tonne sur certains marchés, le Comptoir fournissait à sa clientèle de la fonte à 63 et 65 francs[1].

En résumé, le Comptoir de Longwy n'agit directement ni sur la production ni sur le prix des fontes. Il ne les fixe pas à sa volonté. Il agit indirectement sur cette production et sur ce prix, comme le fait tout commerçant, mais pas dans le sens défavorable à la clientèle. Il a contribué dans une large mesure, non pas à restreindre, mais à développer la production des fontes lorraines; il a contribué également à

---

1. Voici, à titre d'indication, le prix *moyen* de la tonne de la fonte brute d'affinage de 1880 à 1899, d'après la *Statistique de l'Industrie minérale* pour 1899, publiée par le Ministère des Travaux publics :

| | | | |
|---|---|---|---|
| 1888............ | 82 francs | 1890............ | 65 francs |
| 1881............ | 83 — | 1891............ | 61 — |
| 1882............ | 83 — | 1892............ | 57 — |
| 1883............ | 77 — | 1893............ | 56 — |
| 1884............ | 69 — | 1894............ | 54 — |
| 1885............ | 56 — | 1895............ | 53 — |
| 1886............ | 51 — | 1896............ | 54 — |
| 1887............ | 53 — | 1897............ | 57 — |
| 1888............ | 53 — | 1898............ | 61 — |
| 1889............ | 57 — | 1899............ | 70 — |

Il faut tenir compte d'une part de ce que cette statistique n'exprime pas les prix extrêmes et d'autre part de ce qu'elle confond les ventes en comptoir et hors comptoir.

diminuer le prix des fontes brutes sur le marché français; tout cela il l'a fait non par suite d'un pouvoir occulte et tyrannique, mais tout simplement en mettant une excellente organisation commerciale au service d'une industrie qui, par suite de découvertes nouvelles, pouvait produire bon et bon marché. Il n'y a aucun mystère dans son succès.

Reste à savoir si son action, favorable à la clientèle, n'a pas été fâcheuse pour les industriels qu'elle a groupés, pour ses adhérents. N'a-t-elle pas nui à leur initiative en les embrigadant? C'est ce qu'il nous reste à examiner.

## V. — Le Comptoir de Longwy
### et ses adhérents.

Il semble, tout d'abord, que le libre développement du Comptoir réponde à la question que nous nous sommes posée. Les adhérents du Comptoir n'ont jamais été engagés que pour une période déterminée variant de trois à cinq années[1]. A chaque renouvellement du contrat, leur importance a augmenté; plusieurs usines

---

1. L'acte de société actuellement en vigueur est fait pour cinq ans et cinq mois. (ART. 2.)

sont même venues se joindre au Comptoir en cours de contrat, ainsi que l'article 57 le permet. Enfin les usines qui se sont retirées l'ont fait, en général, parce qu'elles ne vendaient plus de fonte, telle la société des aciéries de Micheville qui usine elle-même la production de ses hauts fourneaux. Pourquoi cette attraction exercée par le Comptoir s'il fait peser un joug sur ses membres?

Toutefois l'argument serait insuffisant. Il y a des jougs que l'on accepte pour échapper à la ruine; cela se voit, par exemple, aux États-Unis dans les industries pratiquement monopolisées : un producteur indépendant aime mieux se faire acheter que se faire écraser, et ce n'est pas une preuve que l'opération soit toujours avantageuse pour lui. Il y a aussi des jougs que l'on accepte par considération d'un avantage immédiat, par amour du repos, par manque d'énergie, et ceux-là détruisent rapidement ce qui reste d'initiative chez ceux qui s'y soumettent.

Il faut donc examiner le reproche dans la réalité et dans le détail des faits et non l'écarter par une fin de non-recevoir générale. Est-il exact que les adhérents du Comptoir de Longwy n'aient plus qu'à se laisser vivre, une fois assurés d'obtenir leur rémunération industrielle par le jeu automatique des marchés à échelle? Est-il exact que la concurrence n'ait plus d'objet pour eux?

Rappelons en premier lieu que la concurrence extérieure existe, comme nous l'avons déjà dit. Non seulement elle peut se faire sentir par un refus de la clientèle d'accepter le prix de base d'un marché à échelle, mais elle a actuellement pour effet de suspendre l'exécution du marché à échelle. Les marchés intercalaires consentis par le Comptoir sont un résultat direct de la concurrence. Un client écrit au Comptoir : « Je trouve de la fonte brute à tel prix; la convention que j'ai signée avec vous la fait ressortir à 10 francs de plus par tonne en raison du prix élevé des cokes; faites-moi des concessions si vous ne voulez pas rendre ma situation insoutenable. » Et le Comptoir fait des concessions, comme en feraient ses adhérents s'ils agissaient chacun pour leur compte avec la clientèle. Par suite, ceux-ci subissent le contre-coup des crises; ils n'échappent pas à la concurrence extérieure. Les marchés à long terme, eux-mêmes, régulièrement conclus, ne les en garantissent pas.

Ils n'échappent pas non plus à la concurrence intérieure, à celle qu'ils peuvent se faire entre eux. Ils vendent tous au même prix, cela est vrai, mais ni leurs achats de minerais, ni leurs achats de charbons et de cokes, ne se font nécessairement aux mêmes conditions. Ils peuvent, suivant leur situation géographique, être grevés de frais de transport plus ou moins onéreux, obtenir plus aisément une main-d'œuvre plus ou moins coûteuse, plus ou moins habile. Leurs dépenses d'installation sont différentes, et différente aussi, par suite, la rémunération qu'elles entraînent pour le capital employé. Nous avons vu que le fait de disposer de capitaux abondants était également une cause importante de profits. Enfin, et c'est là ce qui importe le plus au point de vue général, au point de vue du progrès des méthodes, chacun d'eux est absolument libre de ses procédés de fabrication; toute économie réalisée dans l'opération industrielle constitue un profit exclusivement personnel pour celui qui l'imagine et qui la réalise. De même, en dépit des classements officiels de la fonte brute et de l'uniformité générale des produits de chaque classe, si un des adhérents se fait remarquer par la qualité de ses fontes; si ses fontes sont préférées ou dépréciées par la clientèle, c'est à lui que revient le profit ou la perte résultant de cette préférence ou de cette dépréciation, non à l'ensemble des associés. Il y a, dans les statuts du Comptoir, un article très net à ce sujet : Art. 41. « Pour encourager les efforts faits par les associés dans le but d'améliorer la qualité de leurs fontes et de les rendre propres à de nouveaux emplois, il est entendu que si un acheteur impose une marque déterminée et consent à la payer plus cher que les autres de même classement, *la majoration de prix reviendra tout entière à l'associé producteur* sur les quantités qui y auront donné lieu, sauf la remise pour frais généraux et le prélèvement spécial prévu à l'art. 40 (fonds de non-recouvrement). Si, inversement, les fontes d'un sociétaire ne pouvaient, en raison de leur mauvaise qualité, être vendues qu'à un prix inférieur à celui obtenu pour les mêmes numéros et sortes, le rabais serait supporté par l'associé producteur. »

Ainsi le propriétaire de haut fourneau n'est pas découragé dans sa recherche du mieux par une aveugle uniformité de prix; et il se trouve garanti contre sa propre négligence par le contre-coup qu'elle peut avoir sur la vente de ses fontes.

Les statuts tiennent compte aussi aux producteurs du groupe de Nancy des avantages spéciaux résultant pour eux de leur position géographique en leur accordant une plus-value de 4 francs par tonne de fonte de moulage, 3 fr. 625 par tonne de fonte Thomas et 3 fr. 25 par tonne de fonte d'affinage[1].

Mais ce dont ils ne sauraient tenir compte, et ce qui crée la grande différence entre les divers associés du Comptoir, c'est l'ensemble de ces qualités qui constituent une habile direction et dont les éléments sont trop complexes pour être analysés ici. La seule chose que les sociétaires mettent en commun, c'est la vente du produit; le Comptoir est uniquement leur agent commercial. Pour tout le reste, chacun d'eux est libre de ses décisions, de ses améliorations, du gouvernement de ses affaires et de son usine. Et chacun d'eux est libre aussi de faire des fontes d'exportation en quantité illimitée, de transformer en fer, acier ou fonte moulée telle ou telle partie de sa production. Leur initiative conserve un champ libre très vaste, et ce serait faire une insulte gratuite aux métallurgistes lorrains, créateurs du Comptoir et promoteurs du remarquable essor que l'on sait, que de les considérer comme des timides, des inertes et des incapables.

1. Art. 42 des Statuts.

Le Comptoir a un autre effet très important. Non seulement il ne détruit pas l'initiative des entreprises particulières qu'il associe pour la vente de leurs produits, mais il la fortifie en l'armant en vue des luttes industrielles actuelles. Il la rend capable d'agir efficacement, et c'est là précisément l'utilité de son rôle.

Je n'ai pas à rappeler ici comment l'évolution industrielle et commerciale moderne pousse à la concentration. Cette concentration prend deux formes correspondant aux deux aspects de l'évolution elle-même : elle est industrielle par le fait du machinisme, et s'affirme par la création de moyens de production de plus en plus puissants. Elle est commerciale par le fait des communications plus faciles et de l'interdépendance des divers marchés locaux, et s'affirme par la création d'organismes commerciaux de plus en plus considérables.

Mais ces deux évolutions parallèles ne se poursuivent pas toujours avec la même rapidité. Les fontes lorraines sont produites dans des hauts fourneaux dont la capacité ne dépasse pas 180 tonnes par jour. Il est possible qu'on ait avantage à augmenter cette capacité, car les Américains ont construit récemment des hauts fourneaux atteignant l'énorme chiffre de 700 tonnes par jour ; mais en ce moment, l'Europe ne connaît pas encore ces monstres métallurgiques, et la concurrence s'établit entre des hauts fourneaux donnant de 70 à 180 tonnes par jour. Les sociétés qui les exploitent n'en possèdent souvent pas plus de deux ; aucune entreprise lorraine n'en a à ma connaissance plus de sept (les Aciéries de Longwy) et les onze sociétés membres du Comptoir en exploitent à elles toutes vingt-huit. Voilà exactement le degré de concentration industrielle exigé par les conditions actuelles du travail, puisque la région lorraine a pu avec ce degré-là se faire la place de premier ordre qu'elle occupe aujourd'hui dans la métallurgie française.

Mais il lui a fallu, pour atteindre ce but, un degré plus élevé de concentration commerciale. Il lui a fallu créer un organisme de vente plus vaste, plus compréhensif que le cadre des entreprises particulières. La nécessité s'imposait, nous l'avons déjà dit, de faire connaître et apprécier un produit mal connu et déprécié, ce qui comportait des sacrifices préliminaires impossibles à des usines isolées de l'importance des usines lorraines. Le Comptoir a rempli cet office ; il a été

l'agent commercial unique des sociétés indus
trielles distinctes.

M. Francis Laur estime à 3 fr. 30 par tonne
l'abaissement du prix de revient de la fonte brute
résultant de l'existence du Comptoir pour ses
adhérents, et il obtient ce chiffre par l'analyse
suivante :

|  | Par tonne. |
|---|---|
| Bénéfices de meilleure répartition sur expéditions.................................... | 1 fr. |
| Bénéfice de la centralisation commerciale... | 0 » 80 |
| Bénéfice de l'industrie sur l'escompte...... | 1 » » |
| Bénéfice provenant de la bonne administration des stocks, approximativement....... | 0 » 50 |
| TOTAL...... | 3 fr. 30 [1] |

Là-dessus, il faut, en bonne logique, écarter
le bénéfice de l'industrie sur l'escompte. A supposer qu'il soit exactement apprécié, il ne résulte
pas directement du fait de la concentration commerciale. Au contraire, celui de la meilleure
répartition des expéditions est bien l'effet de la
concentration commerciale ; le Comptoir recevant
toutes les commandes les distribue géographi-
quement de façon à faire servir la clientèle par
l'usine la plus rapprochée ; c'est là une économie
certaine dans les transports. De même, les frais
généraux sont diminués par la centralisation

---

1. *Les Mines et la Métallurgie à l'Exposition de 1900*, p. 92.

commerciale, par le fait de réunir en un seul bureau commun le service commercial des différentes entreprises. Enfin, cette centralisation permet de mieux administrer les stocks.

Il est donc juste dire que l'existence du Comptoir a permis à ses adhérents de réaliser une économie, mais elle leur a rendu un service plus marqué encore : elle a sauvé leur indépendance. En effet, du moment que la concentration commerciale s'imposait ; du moment qu'elle était à la fois possible à cause de l'uniformité du produit, avantageuse à cause de l'économie que nous venons de dire, nécessaire à cause de la mauvaise réputation des fontes lorraines et du grand effort qu'il fallait accomplir pour les faire accepter ; du moment que le dilemme se posait entre la concentration commerciale avec chances de grand succès d'une part, et l'isolement avec la médiocrité d'autre part, il y avait gros à parier que cette concentration s'opérerait, qu'il se trouverait quelqu'un pour la réaliser.

Mais elle aurait pu se réaliser par une confusion complète des diverses sociétés métallurgiques lorraines, par un rachat en masse qui aurait ajouté la concentration industrielle à la concentration commerciale. Dans ce cas, il y aurait eu atteinte grave à l'initiative des maîtres de forges lorrains, absorbés dans une seule entreprise. En créant le Comptoir, ceux-ci sont allés au-devant du danger ; ils ont réduit au strict nécessaire le degré et la nature de la concentration qui s'imposait à eux et ils sont restés maîtres de leurs hauts fourneaux.

Le Comptoir de Longwy a donc constitué une sauvegarde pour les sociétés métallurgiques, d'abord modestes, qui ont grandi grâce à lui, mais dont quelques-unes restent aujourd'hui encore d'importance secondaire, avec un million six cent mille francs, trois millions, quatre millions de capital pour la plupart[1]. Il a mis à leur portée les avantages de la concentration commerciale et leur a permis ainsi d'aborder victorieusement la lutte contre des concurrents de plus grande taille. Il ne faut pas reprocher

---

1. Sur les 11 sociétés du Comptoir de Longwy, une seule, celle de Châtillon, Commentry et Neuves-Maisons, dépasse notablement ce chiffre. Elle est constituée au capital de dix-huit millions cinq cent mille francs. Deux autres atteignent quatre millions deux cent cinquante mille francs. Quatre sont à quatre millions, une à trois millions huit cent soixante-cinq mille francs, deux à trois millions, une à un million six cent mille francs. (Voir le préambule des Statuts.) Au surplus, ces indications ne donnent pas la mesure exacte de l'importance d'une société. Une société qui est parvenue à amortir une partie de son capital, n'a pas diminué, au contraire.

au Comptoir d'avoir diminué l'initiative de ses adhérents; il l'a armée au contraire; il l'a empêchée de succomber sous la concentration industrielle.

## VI. — Le Comptoir de Longwy et le marché national.

Le Comptoir agit normalement sur le marché français. Il laisse ses adhérents libres de vendre aux cours qu'ils veulent à la clientèle étrangère. A l'occasion, il peut lui-même prendre en main l'écoulement des fontes hors de nos frontières. Mais l'exportation, qu'elle soit pratiquée individuellement par les maîtres de forges ou collectivement par le Comptoir, se fait généralement à des prix inférieurs à ceux du marché français. On en a conclu parfois, un peu hâtivement, que le Comptoir opprimait, exploitait les acheteurs français puisqu'il traitait plus favorablement qu'eux les acheteurs étrangers.

Cela est vrai; il faut observer seulement que la responsabilité n'en remonte pas au Comptoir, mais au régime douanier que nous avons adopté. Que ce régime soit nécessaire à la métallurgie française dans ses conditions actuelles, ou qu'il

lui soit nuisible, c'est là une question à part et
que je n'ai pas à étudier ici. Ce qui est certain,
c'est que, pour un usinier français, le marché
étranger ne diffère du marché national que par
deux éléments : les frais de transport d'une part,
les droits de douane de l'autre. Le premier est généralement au désavantage du marché étranger. En
moyenne, les marchandises produites en France
et vendues à l'étranger sont grevées de frais de
transport plus lourds que les mêmes marchandises vendues en France; si on les cède à un
prix inférieur, c'est donc aux droits de douane
qu'il faut s'en prendre.

Et, en effet, ce sont eux qui sont coupables.
Le droit de 15 francs par tonne au tarif minimum,
de 20 francs au tarif maximum, a pour résultat
de faire du marché français des fontes brutes, un
marché à part du marché belge ou allemand, par
exemple. Lorsque ce marché français se trouve
encombré, qu'une baisse est imminente, les producteurs ont intérêt à le décongestionner en
envoyant le plus de fontes possible à l'étranger.
Cela pèsera sur les marchés étrangers, mais peu
importe; la baisse qu'ils subiront ne réagira que
partiellement en France, car, grâce aux droits
de douane, l'équilibre ne peut pas se rétablir

exactement entre des marchés séparés ; ce ne sont pas des vases communicants.

Quand il s'agit de marchandises peu transformées, comme la fonte brute, les droits de douane agissent d'une autre façon encore. Supposons — c'est une situation très ordinaire — une société métallurgique française vendant une partie de ses fontes brutes et en usinant une autre partie, produisant de l'acier, par exemple. Si elle a des fontes à placer et qu'elle ne puisse s'en débarrasser qu'à un prix désavantageux, son intérêt la pousse à consentir un sacrifice plutôt à des aciéries belges ou allemandes qu'à des aciéries françaises. La raison en est simple : l'acier produit avec sa fonte à bon marché aura un prix de revient moins élevé ; il pourra, s'il est d'origine française, faire concurrence avantageusement à ses aciers, par conséquent lui nuire. Au contraire, s'il est d'origine belge ou allemande, il aura des droits à acquitter pour atteindre le marché français ; il sera donc moins menaçant pour la société en question.

Il est bien clair que ces phénomènes se produisent en dehors de l'existence de tout comptoir. Ils sont le résultat naturel et nécessaire du régime protectionniste. Ils atteignent toute leur intensité quand la protection s'accentue et que les primes de sortie s'ajoutent aux droits d'entrée, comme il arrive pour le sucre.

Reste à savoir si l'existence du Comptoir a pu les aggraver. On a dit que les producteurs, plus sûrs de leurs opérations avec la clientèle française, grâce aux marchés à échelle, se sentaient plus portés à risquer des opérations hasardeuses avec la clientèle étrangère. Cela est fort possible; peut-être aussi les marchés intercalaires consentis par le Comptoir en 1901 démontreront-ils à ces imprudents qu'on n'est jamais sûr, même avec un contrat en règle, d'imposer longtemps à ses clients un prix désavantageux. Il est certain également que le Comptoir de Longwy étant un comptoir métallurgique français, a dû tenir compte des conditions où se trouve placée la métallurgie française pour les tourner à son profit, comme c'est sa fonction de commerçant; par conséquent, il a tenu compte des droits de douane, il a dû les tourner au profit de ses adhérents. Et comme son organisation est puissante, il en a tiré meilleur parti que ne l'auraient fait des usiniers isolés.

Mais ce qu'il importe de noter c'est que, même si les droits de douane venaient à disparaître

sur les fontes brutes, même si le marché français
était complètement libre pour cet article, le
Comptoir de Longwy conserverait sa raison d'être.
Il est même probable que cette situation nouvelle
augmenterait la sphère d'action de son activité;
au lieu de grouper ses adhérents pour la seule
vente en France, il les grouperait pour toute
vente ; la concentration commerciale dont il est
l'organe serait plus complète.

En d'autres termes, le Comptoir de Longwy
ne doit pas son existence au fait de la protection
comme beaucoup de trusts américains, de cartells
allemands, et aussi de comptoirs français. Il
doit moins à l'artifice, à l'arbitraire des lois; il
est le résultat naturel d'une situation industrielle
et commerciale particulière, dominée par l'évolution moderne. Ce caractère le recommande à
l'attention des observateurs désireux de suivre
dans un phénomène déterminé l'action des
circonstances générales inévitables, de celles
auxquelles la volonté humaine reste étrangère.
L'habileté, l'énergie, l'initiative de ses membres
se sont appliquées à tirer parti de ces circonstances, sans faire appel à la violence brutale qui
se dissimule souvent, dans l'état actuel de nos
mœurs, sous l'apparence légale de la fiscalité,

sans avoir besoin de fausser par des obstacles
douaniers le libre jeu de la concurrence. En fait,
le Comptoir a eu pour théâtre de son activité un
marché protégé. Mais il n'avait besoin de la
protection ni pour naître ni pour prospérer.

De là, sans doute, cette souplesse d'allures si
remarquable dans son organisation, libéralement
et constamment ouverte à l'entrée comme à la
sortie; de là cette absence presque complète de
pénalités contre la fraude de ses adhérents; de
là surtout cette durée qui, mieux que tout argument, prouve les services rendus et écarte le
reproche d'oppression tyrannique. Le Comptoir
ne tyrannise ni sa clientèle ni ses adhérents, il
n'émousse pas leur initiative, précisément parce
qu'il se borne à être un bon agent commercial,
et qu'il n'emprunte pas abusivement à la puissance publique — comme le font certains syndicats de producteurs — un des éléments de son
succès.


## VII. — Les comptoirs métallurgiques
## de spécialités.


La métallurgie française comprend une série
d'autres comptoirs, et l'opinion générale les

considère comme devant leur existence au Comptoir de Longwy. « Les hauts fourneaux ayant
formé une entente, il a bien fallu, dit-on, que
les laminoirs imitent leur exemple. Ils l'ont
fait partout où la nature du produit l'a permis.
De là le comptoir des Poutrelles, celui des Aciers
Thomas, celui des Tôles et Larges Plats, etc. »

Cette explication de leur origine est démentie
par les faits. Ces différents comptoirs ne sont
pas partis en guerre contre le Comptoir de
Longwy. De plus, ils comptent, parmi leurs
membres les plus considérables, des industriels
qui n'ont aucun intérêt à débattre avec lui, par la
bonne raison qu'ils possèdent des hauts fourneaux et ne sont pas ordinairement acheteurs
de fontes. Dans la plupart des cas, l'initiative de
la constitution d'un comptoir est venue précisément des maisons les plus importantes, de celles
qui produisent leurs fontes elles-mêmes. Ce n'est
donc pas pour se défendre contre le Comptoir de
Longwy, pour faire équilibre à sa puissance,
qu'elles provoquaient la création de nouveaux
comptoirs.

Leur but était tout différent. Il ne s'agissait
pas pour elles d'avoir des fontes à meilleur
marché, mais d'organiser la vente de leurs pro-

duits d'une manière plus appropriée aux conditions actuelles du commerce, de la concentrer. Nous avons vu que le Comptoir de Longwy a réussi précisément en opérant pour les fontes de la Meurthe-et-Moselle une concentration commerciale nécessitée par l'évolution économique moderne. Le même besoin de concentration s'est fait sentir dans les autres branches de la métal lurgie. Il a donné lieu à des comptoirs là où les circonstances rendaient cette combinaison pratiquement réalisable.

Mais les producteurs ne peuvent pas toujours s'entendre dans toute industrie et pour toute espèce de produits. Quel que soit le but poursuivi par eux, qu'il s'agisse simplement d'organiser la vente en commun, ou qu'on aspire à créer une sorte de monopole, il faut pour tout syndicat de producteurs certaines conditions préalables. D'abord, une concentration industrielle assez avancée, parce que sans cela le nombre des producteurs à syndiquer est trop grand et qu'ils se trouvent trop dispersés pour qu'on arrive pratiquement à les unir. Ensuite, une uniformité suffisante des produits pour qu'ils soient susceptibles d'une classification exacte. La métallurgie offre à ce point de vue des conditions favorables. Elle est concentrée de plus en plus dans de grandes usines, et elle fabrique beaucoup de produits uniformes. De là le développement des comptoirs métallurgiques, comme nous allons le voir.

La concentration industrielle préalable se manifeste par le petit nombre d'usines adhérentes à chacun de ces comptoirs. Celui des poutrelles groupe vingt-deux établissements; c'est le chiffre le plus élevé, mais il s'étend sur toute la France. L'Est avec la Meurthe-et-Moselle, le Doubs, la Haute-Marne et les Ardennes; le Nord et le Pas-de-Calais; l'Ouest par la Loire-Inférieure; le Centre par l'Allier, la Loire, la Saône-et-Loire et la Nièvre; le Midi avec le Gard et l'Aveyron sont représentés au Comptoir des poutrelles. Et, d'autre part, un seul dissident de marque, l'établissement de MM. de Wendel à Jœuf. Au Comptoir des tôles et larges plats, huit adhérents; dix au Comptoir des fers; treize au Comptoir des essieux; huit au Comptoir des ressorts de carrosserie; cinq au Comptoir des aciers Thomas. Il fallait ce petit nombre d'intéressés pour arriver facilement à une entente.

Il fallait aussi avoir affaire à un produit courant susceptible de peu de variétés. Les poutrelles, employées à peu près uniquement dans la construction des maisons et des ponts, peuvent se ramener à un nombre restreint de profils déterminés [1]; elles se prêtaient donc à la combinaison. Les tôles et larges plats, les ressorts de la carrosserie rentrent visiblement dans la catégorie des objets interchangeables, sans personnalité. De même, malgré l'apparence, les fers et les aciers Thomas, parce qu'en réalité, le comptoir ne comprend que certains fers spéciaux et un certain degré de transformation de l'acier Thomas, « les lingots, blooms, billettes, largets et chutes », c'est-à-dire, sans entrer dans les détails techniques, de l'acier Thomas demi-ouvré. Nous trouvons également en Allemagne, et pour la même raison, un syndicat des billettes, un syndicat de l'acier demi-ouvré. Il existe un syndicat français pour la machine (matière première du fil de fer); il y en a eu

1. Les statuts du Comptoir des poutrelles (reçus Dufour, notaire à Paris, 1896) définissent ainsi la marchandise qui fait l'objet du Comptoir : « barres profilées en fer ou en acier, dénommées commercialement poutrelles, fers à plancher, ou sommiers à ailes ordinaires, ou larges ailes de 80 à 410 millimètres, et les fers à U de 80 millimètres et plus (à l'exclusion des traverses de chemins de fer), alors même que ces produits auraient subi une main-d'œuvre spéciale de fraisage, perçage ou peinture. » (Art. 1, Titre I.)

un pour les pointes ; il peut s'en former, suivant les circonstances, sur toute marchandise de fabrication commune et courante, et le machinisme croissant tend à multiplier ce genre de produits. Il le substitue à l'objet travaillé par l'artisan, gardant un cachet distinctif et individuel. Et c'est une des forces qui tendent à porter l'industrie moderne vers l'organisation syndicale. Par exemple, depuis que l'on a trouvé le moyen de purger la fonte du phosphore contenu dans le minerai, le procédé de déphosphoration donne lieu à des scories, d'abord négligées, aujourd'hui très recherchées par l'agriculture. Ces scories sont partout les mêmes, ou ne diffèrent que par leur dosage d'acide phosphorique. Aussi s'est-il constitué un syndicat des scories Thomas pour les faire connaître, les mieux distribuer, diminuer les frais afférents à leur vente.

Les comptoirs métallurgiques n'ont donc pu s'établir que là où la concentration industrielle diminuait le nombre des intéressés et donnait au produit ce caractère impersonnel qui permet une classification exacte et peu compliquée.

Examinons maintenant leurs effets. Et d'abord ont-ils atteint le but qu'ils se proposaient, et en quoi? ont-ils recueilli le bénéfice de la concentration commerciale?

Des résultats importants ont été obtenus à ce point de vue. Par exemple, le Comptoir des poutrelles a établi un bureau technique chargé d'étudier les modifications de profils, la résistance, de renseigner la clientèle sur la possibilité de tel ou tel emploi des poutrelles. L'existence de ce bureau a diminué la variété exagérée des profils adoptés en France. Avant le Comptoir, chaque usine avait établi les siens à sa convenance et à la convenance de sa clientèle. Nous aimons bien à imprimer notre marque à ce que nous produisons, et c'était même un certain élément de concurrence de faire tel profil déterminé, réputé supérieur pour tel usage, et d'être seul à le faire. Avec la concentration de la vente, cette variété devenait, au contraire, un gros inconvénient. Elle s'opposait, en particulier, à la distribution géographique normale des commandes, un client du Sud-Ouest pouvant demander précisément tel profil fabriqué uniquement dans une usine de l'Est. Le Bureau technique a provoqué un mouvement vers l'adoption d'un nombre plus restreint de profils. C'était, d'ailleurs, une nécessité de concurrence pour les marchés extérieurs. Les Allemands nous avaient devancés en effet dans cette voie, et, avec leur sens commercial de l'article courant (*Massen Artikel*), s'étaient appliqués à déterminer une série de types *normaux* de poutrelles. La prétention scientifique de cette appellation est peu justifiée, paraît-il; mais le but commercial de l'uniformité a été atteint, et les profils dits normaux de l'Allemagne ont été adoptés en beaucoup d'endroits. Il a même fallu, dans certaines usines françaises bien placées pour l'exportation, changer les cylindres de laminoirs donnant les profils en usage chez nous pour des cylindres donnant les profils allemands. Le marché extérieur les réclamait. Tel est l'avantage de l'uniformité des produits dans les conditions actuelles du commerce. En travaillant à l'assurer, le Comptoir des poutrelles a rendu un vrai service à l'industrie.

Il en a rendu un autre en organisant aux frais communs de ses associés une publicité nécessaire, mais trop coûteuse pour chacun d'eux isolément. Par exemple, il a fait établir un album indiquant à la clientèle des architectes et des entrepreneurs certains emplois nouveaux des poutrelles, démontrant leur supériorité sur le ciment armé et sur le bois. Chaque fois qu'un chemin de fer pénètre dans un pays, il rend possible l'emploi des poutrelles dans les constructions de ce pays; c'est pour le Comptoir un nouveau marché à gagner; mais, pour le gagner, il faut consentir certains sacrifices intelligents; il faut faire connaître le produit à une clientèle nouvelle, défiante ou simplement ignorante; il faut organiser une campagne de conquête commerciale. Le Comptoir est merveilleusement propre à mener cette campagne. Il est supérieurement outillé à ce point de vue, et comme il agit pour l'ensemble des producteurs, à leurs frais communs, il a le double avantage de bien servir leurs intérêts et de leur coûter beaucoup moins cher que la réclame isolée à laquelle ils étaient contraints de se livrer jadis.

Le même fait se produit en ce qui concerne l'exportation. Ce ne sont pas seulement de nouveaux marchés intérieurs qu'il faut gagner; il importe aussi de créer des débouchés à l'extérieur, et l'éloignement rend ici l'opération plus difficile et plus coûteuse. Le métallurgiste isolé recule souvent devant les dépenses très lourdes et toujours aléatoires qu'elle impose; le comptoir les supporte plus aisément et rend ainsi un grand service à tous les producteurs de la spécialité qu'il a pour objet. Aussi, depuis la création du Comptoir des poutrelles, en 1896, voyons-nous l'exportation de ce produit devenir beaucoup plus active.

Autre avantage important : la centralisation des commandes permet de les distribuer de la façon la plus normale, de supprimer les transports inutiles. Certaines usines favorablement placées travaillent presque uniquement pour l'exportation; les autres servent la clientèle la plus rapprochée d'elles. L'économie qui en résulte est d'autant plus notable que les produits de la métallurgie sont toujours lourds, et que, par suite, les frais de transport les grèvent fortement. Là encore, le Comptoir rend un réel service à sa clientèle comme à ses adhérents. Toute économie de fabrication ou de distribution tend naturellement, en effet, à faire baisser le prix de vente.

En plus, les comptoirs ont joué dans certains cas un rôle positivement modérateur par rapport aux prix de vente. Au moment de la grande cherté des fers et des aciers, les poutrelles, ordinairement plus chères que les fers marchands, atteignaient un cours moins élevé, m'assure-t-on au Comptoir des poutrelles. Et la vente des fers marchands avait lieu sans l'intermédiaire d'aucun syndicat. On comprend bien d'ailleurs que l'exis-tence d'un comptoir de vente, sérieusement organisé par les producteurs d'une industrie, doive empêcher l'affolement qui se produit par-fois quand l'offre et la demande se dispersent. Il est difficile d'apprécier leur équilibre dans cette dispersion; on juge avec plus d'exactitude et de sang-froid quand les offres et les demandes sont centralisés.

Il est donc exact de dire que le Comptoir des poutrelles a fait profiter ses associés de la con-centration commerciale qu'il a amenée, et que, par elle-même, cette concentration tend à dimi-nuer, non à augmenter les prix de vente.

Les comptoirs métallurgiques de spécialités ont, en somme, une raison d'être parfaitement connue, parfaitement normale, celle de la con-centration commerciale. Ils produisent des résul-tats heureux, d'abord en réalisant une économie dans la distribution, soit par la diminution des transports, soit par la centralisation des frais de publicité de tout ordre, soit encore par l'unifor-mité plus grande des types; ensuite, en régula-risant les cours, en prévenant les crises. D'où vient donc la méfiance dont ils sont l'objet dans certains milieux?

Elle tient d'abord à la confusion qui s'établit chez les personnes peu informées entre les monopoles abusifs des trusts américains ou de certaines coalitions industrielles européennes, d'une part, et tous les syndicats de producteurs, d'autre part.

Elle tient aussi à ce que les comptoirs métallurgiques ont dû tenir compte d'un élément artificiel antérieur à leur création, celui de la protection douanière, et que les effets de cette protection ont été souvent imputés aux comptoirs eux-mêmes.

Cependant les comptoirs ne sauraient être rendus responsables, et surtout seuls responsables d'un système qu'ils n'ont pas créé. Les droits de douane sont une des armes dont ils se servent, mais ils les ont trouvées dans l'arsenal que leur ont légué les producteurs isolés auxquels ils ont succédé, ils ne les ont pas forgées. Il est vrai seulement qu'ils s'en sont servi avec plus de succès que leurs prédécesseurs. Le fait de la concentration commerciale réalisée par eux a rendu plus efficaces les moyens d'attaque et de défense dont la métallurgie disposait auparavant. De même, une armée bien organisée tire meilleur parti de son armement qu'une troupe sans cohésion.

C'est ainsi que, depuis la création des comptoirs, l'effet de la protection est plus sensible dans les branches de l'industrie auxquelles ils s'appliquent. Le marché national est mieux protégé contre l'étranger parce qu'il n'est pas divisé contre lui-même ; il est plus garanti contre les crises de surproduction ; il bénéficie plus complètement de la majoration de prix que le tarif douanier cherche à lui assurer. En d'autres termes, le droit joue mieux avec les comptoirs que sans eux.

Tel est, du moins, le témoignage que je recueille de la bouche des intéressés. C'est une appréciation ; ce n'est pas le résultat d'un calcul mathématique strict, car on manque de base dans la métallurgie pour conclure de la comparaison des prix qu'un droit joue ou ne joue pas. Cela tient à l'habitude générale des métallurgistes de tous les pays protégés d'écouler à des prix inférieurs sur les marchés étrangers le trop-plein de leur marché national. On ne veut pas faire baisser le prix général admis par sa clientèle nationale ; mais soit pour conquérir de nouveaux marchés, soit pour se débarrasser de stocks encombrants, soit pour augmenter ou simplement pour maintenir sa fabrication et répartir ses frais généraux sur une plus grande quantité de produits, on consent des prix bien moindres à une clientèle éloignée. Dans ces conditions, il est difficile d'apprécier avec une précision absolue l'effet réel d'un tarif sur les cours. Si les pays concurrents vendaient à l'exportation au même prix que sur leur marché national, il suffirait d'ajouter à ce prix le montant du droit protecteur français et de voir si la somme est égale au prix français. On pourrait dire, par exemple : « A telle époque, les poutrelles allemandes se vendaient 15 francs les 100 kilogr. en Allemagne; en France, elles n'atteignaient que 17 francs; or, le droit étant de 5 francs par 100 kilogr., elles auraient dû se coter 20 francs. Donc le droit ne jouait pas. » Mais le marché allemand est protégé lui aussi (3 marcs par 100 kilogr. sur les poutrelles, soit 3 fr. 75); par suite, les lamineurs allemands, raisonnant comme les lamineurs français et pour les mêmes causes, écoulent leur trop-plein sur les marchés étrangers à des prix inférieurs à ceux qu'ils pratiquent chez eux. Et comme ces prix varient constamment; comme chacun les dissimule à son concurrent, et qu'ils ne constituent pas un cours régulièrement constaté, on ne sait jamais avec exactitude dans quelle mesure le droit joue.

Cette difficulté est intéressante à constater, d'ailleurs, parce qu'elle met assez bien en lumière la vanité des mesures de protection entre pays voisins, tous les deux producteurs et tous les deux protégés. On arrive avec une grande complication, et par un détour, avec une augmentation fort inutile de transports, à obtenir pour l'ensemble de ses produits un prix assez peu différent de celui qui s'établirait normalement sur un marché international librement ouvert. On vend un peu plus cher à ses nationaux, moins cher aux étrangers.

Il est surprenant de voir des hommes avisés vendre ainsi volontairement à l'étranger des produits au-dessous du cours, surtout quand il s'agit de produits non finis qui peuvent revenir faire concurrence aux produits français après qu'ils ont été usinés. Par exemple, vous vendez de l'acier demi-ouvré à perte sur le marché belge; les Belges vous renverront de l'acier fini qui aura un prix de revient inférieur et tuera les

vôtres. « Vous avez raison, me disait un métallurgiste français, c'est un mauvais calcul, absolument parlant, mais tenez compte de ceci : si
nous nous abstenons d'envoyer notre acier demi-
ouvré en Belgique, quand nous avons besoin de
décongestionner le marché français, peut-être
nos concurrents allemands en profiteront-ils pour
écouler précisément en Belgique le trop-plein
de leur production. Ainsi, nous courrons les
mêmes dangers, et nous n'aurons pas soulagé
notre marché. Voilà pourquoi nous continuons
à faire ces opérations anormales. »

Les comptoirs et les producteurs isolés se
trouvent donc conduits par le régime protectionniste aux mêmes procédés, aux mêmes pratiques,
et si le bénéfice que les premiers en retirent est
un peu augmenté par le fait de la concentration
commerciale, ils en souffrent, d'autre part, parce
que le public rejette volontiers sur eux la responsabilité des anomalies qui remontent en réalité aux tarifs douaniers.

Il y a plus : les comptoirs peuvent être entraî-
nés à des actes peu justifiés vis-à-vis de la clientèle nationale, quand ils se sentent à peu près
seuls producteurs en France et isolés de l'étranger par des barrières de douanes. Nous avons

vu que certains cartells allemands tombent dans cette erreur; j'ai recueilli, au cours de mon enquête, des plaintes assez vives de la part de clients du Comptoir des aciers Thomas; malheureusement, il m'a été impossible d'en juger le bien fondé, le Comptoir des aciers Thomas se refusant d'une manière absolue à toute espèce de renseignements sur son organisation.

En résumé, la concentration commerciale opérée par les comptoirs français répond aux exigences de l'évolution économique actuelle. Elle met l'industrie métallurgique en mesure de lutter efficacement; elle lui évite vraisemblablement un degré plus accentué de concentration industrielle, c'est-à-dire la disparition des établissements modestes. Elle est normale et bienfaisante. Mais les comptoirs agissant sur un marché artificiellement protégé se trouvent par là même exposés à un double danger : danger pour leur réputation d'abord, ce qui leur nuit; danger pour le caractère même de leur action, ce qui est plus grave encore.

# CHAPITRE V

## CONCLUSION

---

### I. — La cause générale des syndicats de producteurs.

Quel que soit le pays où s'est portée notre observation; quelle que soit la nature des syndicats de producteurs que nous y avons rencontrés; partout, une cause déterminante générale nous est apparue comme leur origine commune. C'est la concentration industrielle et commerciale nécessitée par l'évolution économique moderne qui contraint, en quelque sorte, les industriels à se rapprocher les uns des autres, à unir leurs efforts pour se mettre à hauteur des circonstances nouvelles.

Là même où les syndicats industriels donnent lieu aux abus les plus graves; là où ils excitent les méfiances les plus justifiées; là où la loi elle-même cherche à empêcher leur création, aux États-Unis, nous voyons leur marche triomphante se poursuivre avec un caractère, pour ainsi dire, fatal. Bon gré, mal gré, les usines indépendantes sont obligées de se soumettre à la domination des trusts ou de disparaître.

En Europe, les syndicats de producteurs se forment ordinairement par un consentement plus spontané des intéressés, mais la rencontre de toutes ces volontés libres accuse d'une manière non moins évidente l'influence universelle d'un phénomène général, le besoin de concentration.

L'ancienne organisation industrielle et commerciale se prêtait bien à l'isolement des producteurs; chacun travaillait pour soi et uniquement pour soi, cherchant à se créer, puis à se réserver une clientèle, luttant avec quelques concurrents placés dans des conditions analogues, mais sans grande préoccupation de l'équilibre général entre la production et la consommation.

Il était difficile de produire beaucoup au delà des demandes de la clientèle. La fabrication reposant principalement sur le travail à la main, on ne pouvait en augmenter l'importance qu'en augmentant beaucoup le personnel ouvrier; et ce personnel était composé de spécialistes, d'artisans formés par un long apprentissage; il était impossible de l'improviser. C'était donc par un mouvement lent, pour répondre aux besoins dûment constatés d'une clientèle connue, que la production industrielle se développait. La crise de surproduction était inconnue. Ce n'était pas elle que l'on redoutait, mais bien la crise de manque de production.

Il était difficile aussi d'atteindre des marchés éloignés; par suite la sphère d'écoulement des produits fabriqués d'une usine donnée était forcément restreinte; par suite aussi chacune de ces sphères se trouvait isolée de la sphère voisine.

Aujourd'hui, le machinisme permet une production dépassant de beaucoup la demande, et la facilité des communications rend possible la distribution des objets fabriqués sur des territoires très éloignés les uns des autres.

Les barrières douanières mettent souvent obstacle, il est vrai, à cette distribution entre nations diverses, mais elles ne l'empêchent pas sur l'étendue d'un même pays. De là les crises de surproduction nationales. Elles ne sont même pas assez hautes pour empêcher les crises de surproduction de devenir parfois internationales.

Ainsi, dans les conditions actuelles de l'industrie, les producteurs ont intérêt à se garantir contre la production excessive. Ils y ont un intérêt d'un genre particulier, un intérêt collectif et d'effet non immédiat; car leur intérêt particulier et immédiat peut être, au contraire, de fabriquer toujours à plein. C'est même le cas ordinaire. Il suit de là que seul un organe collectif les représentant, syndicat, entente, cartell, peut gérer utilement cet intérêt collectif.

Voilà une première raison de s'unir. On veut éviter la surproduction qui fait baisser les prix de vente parfois au-dessous des prix de revient. On veut substituer une production réglée à une production anarchique.

Le besoin de concentration se manifeste par d'autres traits. Au point de vue industriel, les grands établissements ont sur les établissements modestes des avantages marqués; le machinisme s'y développe dans des conditions plus favorables et d'une manière plus complète; mais des usines peu éloignées peuvent quelquefois s'assurer ces avantages en s'unissant, en se fusionnant. Au point de vue commercial, des usines même très distantes les unes des autres ont intérêt à se syndiquer pour la vente de leurs produits. Comme ces produits parviennent aujourd'hui à des clientèles éloignées, il arrive que, dans un même pays, le sud reçoit des objets fabriqués au nord, tandis que le nord reçoit des objets semblables fabriqués au sud, sans profit ni pour le consommateur ni pour le producteur. Ce résultat, que la difficulté des transports suffisait à éviter autrefois, se produit souvent avec les facilités nouvelles; un syndicat de vente y porte remède.

Ce n'est pas tout : les grands pays industriels pourvus de moyens de production très supérieurs à leur consommation personnelle cherchent des débouchés au dehors. C'est l'intérêt commun de tous les fabricants d'un même objet de trouver ces débouchés. Et comme l'opération est coûteuse, comme elle exige des sacrifices et comporte des aléas, un syndicat puissant sera mieux en mesure de la conduire qu'un industriel isolé. Le syndicat s'emploie même parfois avec succès à créer des débouchés à l'intérieur; il organise, par exemple, à frais communs la réclame nécessaire pour faire apprécier un objet peu connu dans certaines régions, pour en indiquer l'emploi.

L'évolution économique moderne, en donnant à la production une élasticité inconnue jusqu'alors, en élargissant les anciennes sphères d'écoulement des produits, a créé des intérêts communs à de grandes catégories de fabricants. Elle a fait de la concentration industrielle une nécessité. Elle a porté la concentration commerciale à un degré encore plus élevé. Elle est bien la cause universelle des syndicats de producteurs.

Certaines industries se ressentent encore peu de ce mouvement. Ce sont celles que le machinisme n'a pas transformées, et qui restent sous le régime du travail à la main et du petit atelier. Là, le syndicat de producteurs ne se rencontre pas. Il lui manquerait tout d'abord sa raison d'être : la production ne court pas risque de s'enfler à l'excès lorsque ses procédés demeurent primitifs, et il n'y a pas lieu, en général, de lui créer des débouchés nouveaux. Il lui manquerait aussi une autre condition nécessaire, l'uniformité du produit. C'est le machinisme qui amène cette uniformité, qui permet d'établir des prix généraux. Même, lorsqu'il s'emploie à élaborer en masse des marchandises d'un caractère variable, par exemple des tissus de fantaisie, l'uniformité, rendue éphémère par le caprice changeant de la mode, ne suffit plus à l'établissement d'un prix général. C'est pourquoi les tisseurs de tous les pays ont tant de peine à se syndiquer utilement. A l'uniformité il faut ajouter un certain degré de permanence pour avoir le genre de produit qui se prête le mieux aux combinaisons syndicales. C'est l'article courant, le *Massen Artikel* des Allemands.

De plus en plus, cette marchandise sans personnalité, cette marchandise interchangeable se substitue à l'objet de fabrication ancienne. Les syndicats de producteurs sont donc vraisemblablement destinés à se développer parallèlement à l'évolution qui leur a donné naissance et qui se poursuit sans relâche.

## II. — Les divers types de syndicats de producteurs.

L'évolution économique moderne a été la condition nécessaire de la création des syndicats de producteurs. Là où l'évolution ne s'est pas fait sentir, le syndicat n'a pas pris naissance. Mais cette évolution n'est pas la condition suffisante du syndicat de producteurs. D'autres circonstances sont venues aider les syndicats à se constituer; elles ont influé sur eux. Et comme ces circonstances varient beaucoup suivant les pays, les résultats ont été très différents.

Aux États-Unis, pays de luttes outrancières, d'énergies indomptables et d'ambitions démesurées, dès qu'on s'est aperçu que des intérêts communs existaient entre les divers représentants d'une même industrie, l'idée est venue qu'il serait avantageux d'en profiter, qu'il serait beau de soumettre cette industrie tout entière à une seule domination, qu'une direction unique assurerait mieux que toute entente l'équilibre entre la production et la consommation, qu'elle excellerait à trouver de nouveaux débouchés, pourvu qu'elle fût assez puissante pour supporter de gros frais et de gros risques, et le monopole industriel moderne, le trust, a été conçu par les Yankees impérieux. Tout d'abord ils se sont essayés à des *Rings*, *Pools*, *Corners*, sortes d'ententes plus ou moins éphémères, qui avaient la défense de l'industrie pour prétexte, et sa domination pour but; puis le succès complet et retentissant du trust du pétrole est venu leur fournir un modèle. Le trust du pétrole avait trouvé un appui naturel dans la rareté des terrains pétrolifères, mais son grand moyen de monopolisation s'était rencontré dans la complicité des chemins de fer. Les trusts qui aspiraient à se fonder manquaient d'appuis naturels puissants, mais ils s'assurèrent l'alliance des chemins de fer et devinrent des coupeurs de routes comme la *Standard Oil Co.* D'autre part, ils parvinrent à évincer la concurrence étrangère par des tarifs de douane prohibitifs; c'est ainsi qu'ils créèrent de véritables monopoles.

En Allemagne, il ne fallait pas songer à détourner de cette sorte au profit d'une entreprise particulière la puissance politique représentée avec énergie et pourvue des droits de contrôle les plus étendus. Au surplus, les industriels allemands ne caressaient pas ce rêve ambitieux. Chez eux, la révélation des intérêts communs à plusieurs producteurs devait forcément aboutir à la formation d'un syndicat fortement discipliné, assurant la défense de ces intérêts en retour d'une obéissance exacte. Tel fut le cartell. Après bien des essais, il apparut que le moyen le plus sûr d'obtenir une observation rigoureuse de la discipline était le Bureau commun de vente, et, partout où la nature du produit le permettait, le bureau de vente a été créé. Les cartells ne devraient rien à l'artifice si le gouvernement allemand ne favorisait pas officiellement et efficacement la plupart d'entre eux, soit en leur donnant sa clientèle, soit en leur assurant la protection douanière qu'ils désirent. Autant le pouvoir est armé contre un particulier, autant par contre il est dépendant de la représentation collective d'une industrie nationale. Par ce côté, les cartells allemands sont artificiellement fortifiés; mais du moins s'ils aboutissent à quelques abus, c'est au profit de tous les membres d'une industrie, non au profit de quelques personnalités dominatrices que ceux-ci se commettent.

En France, le pouvoir n'est pas non plus à la merci des particuliers. Nos tarifs de chemins de fer sont contrôlés avec exactitude et nos tarifs de douanes ne sont pas en général le résultat d'un marché avec les législateurs. D'autre part, les vicissitudes de notre politique empêchent l'esprit de suite dans les décisions gouvernementales, en sorte que la faveur passagère de l'autorité n'est jamais qu'un élément de succès bien précaire. Dans ces conditions, le monopole industriel, soit personnel, soit collectif, ne peut

guère se créer, et nous sommes vraisemblablement avec l'Angleterre, et pour d'autres raisons,
le pays de grande industrie le plus à l'abri de ce
mal. Nous avons nos monopoles cependant, soit
là où le jeu de la concurrence est très faussé par
la fiscalité, comme pour le sucre; soit là où la
jouissance exclusive d'un procédé nouveau constitue un avantage absolument prépondérant,
comme pour les industries chimiques; soit
encore là où une rencontre exceptionnelle de
circonstances restreint la sphère d'activité d'une
industrie à des régions étroitement déterminées.
En dehors de ces cas spéciaux, nos syndicats de
producteurs, par exemple les syndicats métallurgiques qui sont les plus importants, bornent leur
rôle à l'exercice d'une fonction normale, la concentration commerciale, autrement dit l'organisation de la vente en commun.

### III. — Le syndicat de producteurs est-il un danger ?

Tout ce qui est puissant peut devenir dangereux si l'abus se joint à la puissance. Mais la
puissance n'est pas un danger par elle-même. Au
contraire, la faiblesse est toujours un danger

grave. Étant donné que l'union des producteurs pour la défense de leurs intérêts communs est une nécessité démontrée de l'industrie moderne, il faut que cette union s'établisse, sans quoi l'industrie se trouverait affaiblie et compromise. Et il importe également qu'en la rendant puissante on ne la rende pas oppressive. Le passage en revue des accusations portées contre les syndicats de producteurs et examinées au cours de cet ouvrage nous convaincra que ceux-ci ne deviennent oppressifs que lorsqu'ils empruntent une partie de leur puissance aux pouvoirs publics, lorsqu'il y a, par suite, abus constaté.

Vis-à-vis des industriels, les syndicats ont eu le tort, dit-on, d'entraver leur initiative, de nuire à leur esprit d'entreprise. Oui, sans doute, si ce reproche s'adresse aux trusts qui ont coupé la route à leurs concurrents, qui monopolisent une fabrication et en tiennent éloignés ceux qui auraient la tentation de s'y adonner. Oui aussi, si le reproche s'adresse aux syndicats monopolisateurs d'Europe, comme notre syndicat français des raffineurs de sucre. Partout où il y a monopole de fait, il y a exclusion de fait contre tous ceux qui ne font pas partie du syndicat monopolisateur. Mais nous savons que ce monopole ne

va jamais sans appuis artificiels et extérieurs,
sans un exercice abusif de la puissance publique.
Le danger n'est donc pas à ce point de vue dans
le syndicat lui-même, mais dans une organisation
défectueuse des pouvoirs publics ou dans leur
confiscation par des particuliers.

Quant aux membres eux-mêmes des syndi-
cats, la discipline à laquelle ils se soumettent est
volontaire. Elle ne nuit donc pas à leur initiative. Et l'initiative collective volontaire est
encore de l'initiative privée. Lorsqu'un syndicat entreprend une campagne pour ouvrir un
marché nouveau à ses produits, il fait preuve
d'initiative active. Les intérêts communs à plusieurs personnes ne peuvent être gérés utilement que par l'accord de plusieurs volontés. Il
est vrai seulement que lorsque des producteurs
s'unissent à l'abri d'une barrière de douane pour
faire jouer plus complètement un droit, pour
s'assurer le bénéfice d'une protection artificielle,
leur action collective perd en cela son caractère actif et vigoureux; mais la responsabilité
retombe sur la législation douanière, non sur
le syndicat. Il dépend de la loi que la force
syndicale n'ait pas l'occasion de s'employer
ainsi.

Il importe de remarquer aussi que le syndicat normal est une sauvegarde pour l'initiative des producteurs. Le Comptoir métallurgique de Longwy, par exemple, a permis à des entreprises relativement modestes de subsister et de lutter efficacement contre de puissants rivaux. En réalisant la concentration commerciale indispensable aux conditions actuelles de la métallurgie, il leur a évité l'exagération de la concentration industrielle, c'est-à-dire l'absorption par des sociétés plus considérables. Il les a armées et leur a sauvé la vie.

Vis-à-vis des consommateurs, le syndicat en lui-même n'est pas non plus un danger. Tant qu'il ne parvient pas à monopoliser grâce à des appuis artificiels et extérieurs, tant qu'il n'emprunte sa puissance qu'à l'union spontanée de ses membres, il n'est pas maître de fixer les prix à sa convenance et d'exploiter le consommateur. Il reste toujours, en effet, soumis à la menace d'une concurrence possible, soit de la part de produits similaires, soit de la part de produits pouvant leur être substitués, dès que la marge de ses bénéfices augmente d'une façon un peu marquée. Tout abus de sa part est comme une invitation à monter des entreprises rivales. Il lui faut être sage : la prudence la plus élémentaire lui en fait une obligation.

Mais alors, dira-t-on, quel avantage peuvent avoir des producteurs à se syndiquer s'ils ne font pas hausser les prix? Ils en ont plusieurs, et nous les avons indiqués : d'abord celui de diminuer les frais de distribution; puis celui de rendre moins lourdes à chacun d'eux et plus efficaces pour tous les dépenses de réclame, les tournées de leurs voyageurs, la conquête de nouveaux marchés; enfin l'avantage inappréciable de l'unification des types qui se traduit par une économie de fabrication, qui permet aux usines syndiquées de se spécialiser plus complètement. Tout cela peut se résumer d'un mot : l'abaissement du prix de revient. La concentration commerciale amène cet abaissement.

Vis-à-vis des ouvriers, le syndicat de producteurs se traduit à la longue par un bienfait. Il sera toujours plus facile à des ouvriers organisés de s'entendre avec des patrons organisés qu'avec des patrons isolés. Et l'organisation ouvrière syndicale est une nécessité résultant directement de l'évolution industrielle et commerciale moderne. Les chefs les plus intelligents du mouvement ouvrier ne s'y trompent pas, et nous avons vu que **M.** Samuel Gompers, président de l'*American Federation of Labor*, avait fait des déclarations très nettes dans ce sens. Cependant les abus des trusts sont flagrants aux États-Unis, et nulle part les avantages du syndicat de producteurs ne sont contre-balancés par de plus graves inconvénients. Mais, de même que tout syndicat de producteurs favorise l'unification des prix et des types de produits, de même il favorise l'unification des salaires, condition nécessaire de toute organisation syndicale ouvrière; *Standard wages for standard work* : Un même salaire pour un même travail, telle est la devise des *leaders* ouvriers. Par là, les deux mouvements syndicaux des patrons et des ouvriers se trouvent liés l'un à l'autre. Enfin, ils sont liés encore par l'avantage commun d'une production plus régulière. Si le chômage est nuisible au patron, il est ruineux pour l'ouvrier, il constitue pour lui le fléau le plus terrible. Les syndicats de producteurs ont pour effet certain de le rendre moins fréquent.

Ni les producteurs, ni les consommateurs, ni les ouvriers ne sont donc menacés par les syndicats

---

1. Voir le *Trade-Unionisme en Angleterre,* chap. I : La nécessité du groupement syndical.

lorsque ceux-ci conservent leur caractère d'association privée. On a signalé parfois le danger
politique de ces organisations. Il est très réel
quand le syndicat parvient à se saisir d'une parcelle quelconque de l'autorité publique; quand
il corrompt les législateurs, ou qu'il met la main
sur les transports publics comme aux États-Unis,
quand il est ouvertement protégé par un pouvoir
fort comme en Allemagne; quand il est favorisé par une fiscalité outrée, comme le syndicat
des raffineurs de sucre en France. Au contraire,
le danger disparaît quand l'autorité de l'État
n'est ni confisquée par les particuliers, ni dirigée
avec partialité par le souverain, ni employée par
le législateur à surcharger à l'excès les consommateurs d'un produit. En d'autres termes, ce
sont des abus politiques qui, seuls, rendent dangereux et qui peuvent même rendre oppressifs
les syndicats de producteurs. Par eux-mêmes,
ces syndicats sont, au contraire, une manifestation normale de la liberté industrielle et de la
liberté d'association.

# TABLE DES MATIÈRES

## CHAPITRE V

### Conclusion................  271



Coulommiers. — Imp. Paul BRODARD. — 911-1901.

## Le Trade-Unionisme en Angleterre,

par M. Paul de Rousiers *(Bibliothèque du Musée Social)*. 1 vol. in-18 jésus, broché. . . . . . .   4 »

Les causes et les résultats du grand succès du Trade-Unionisme anglais sont portés à notre connaissance par un livre dû à l'initiative méritoire du Musée social de Paris et qui a pour auteur M. Paul de Rousiers, déjà connu avantageusement par sa *Vie américaine* et sa *Question ouvrière en Angleterre*. Cet ouvrage consigne les résultats d'une enquête détaillée sur le Trade-Unionisme faite en Angleterre, en 1895, par MM. de Rousiers, de Carbonnel, Festy, Fleury et Wilhelm. Tout l'ouvrage donne l'impression de la réalité vivante. C'est un défilé de témoins, que les réflexions de l'auteur interrompent le moins possible. Nombre de faits auront pour le lecteur la saveur de l'inédit. Les conclusions que l'auteur dégage de sa vaste enquête sont de nature à intéresser quiconque s'occupe des questions ouvrières.

*(Gazette de Lausanne.)*

## Histoire des doctrines économiques,

par M. A. Espinas, professeur à l'Université de Bordeaux, chargé du cours d'histoire d'économie sociale à l'Université de Paris. 1 vol. in-18 jésus, br.   3 50

L'originalité de ce petit livre est d'abord dans sa brièveté même. Ni trop « de noms propres », ni trop de faits, ni trop « d'extraits », comme dans la plupart des livres de ce genre, mais la philosophie des faits, et un effort d'autant plus heureux qu'il est moins apparent pour les montrer comme s'engendrant les uns les autres. C'est justement ce qui nous manquait. L'histoire des doctrines économiques n'avait guère été traitée que par des économistes, et ce que l'on trouvera dans leurs livres, M. Espinas n'a pas cru devoir le faire entrer dans le sien. Mais il y a aussi une philosophie de l'économie politique, qu'un philosophe était seul capable d'y voir et d'en dégager, et c'est à quoi s'est appliqué l'auteur.

*(Revue des Deux Mondes.)*

## La Prévoyance sociale en Italie,

par MM. L. MABILLEAU, correspondant de l'Institut, directeur du Musée social, CH. RAYNERI et le C$^{te}$ DE ROCQUIGNY. 1 vol. in-18 jésus *(Bibliothèque du Musée social)* broché. . . . . . . . . . . . . . . . . . . 4 »

Ce volume est le résultat d'une mission envoyée par le Musée social en Italie pour y étudier les œuvres de prévoyance sociale qui ont permis à toute une partie de la jeune nation de traverser de terribles années de détresse.

Les trois missionnaires se sont réparti la tâche. M. Rayneri, qui a déjà tant fait en France pour la propagation des banques populaires, a écrit le livre sur « la coopération dans l'épargne et le crédit », à l'étude de laquelle il était admirablement préparé. A M. de Rocquigny, bien connu par ses travaux sur les syndicats agricoles, devait échoir naturellement l'étude de la « coopération dans l'agriculture italienne ». M. Mabilleau, le nouveau directeur du Musée social, a pris pour sujet « la coopération ouvrière », et a en outre écrit pour l'ouvrage une introduction et une conclusion de portée générale.

*(Annales des Sciences politiques. 15 sept. 1898).*

## Les Industries monopolisées *(Trusts)* aux États-Unis, par M. PAUL DE ROUSIERS. 1 vol.

in-18 jésus *(Bibliothèque du Musée social)*, br. 4 »

En 1896, M. de Rousiers fut chargé par le Musée social de faire une enquête sur le fonctionnement des *Trusts* ou monopoles, dont le développement aux États-Unis était dénoncé par beaucoup d'économistes et d'hommes d'États. Ce sont les résultats de cette enquête qui sont exposés dans ce livre.

Des observations minutieuses et scientifiques du phénomène économique des *Trusts*, il résulte que les industries vraiment monopolisées aux États-Unis l'ont été par suite de la rencontre fortuite de circonstances exceptionnelles et de circonstances artificielles, mais non en vertu de leur évolution normale.

La conclusion de M. de Rousiers est de nature à calmer les appréhensions exagérées auxquelles les *Trusts* ont donné naissance, en même temps qu'elle fait toucher du doigt le danger réel auquel un pays s'expose par un protectionnisme outré qui détermine l'isolement économique.

*Librairie Armand Colin, 5, rue de Mézières, Paris.*

## Paysans et ouvriers depuis sept cents ans, par M. le vicomte G. D'AVENEL. 1 vol. in-18 jésus, broché. . . . . . . . . . . . . . . . . . . . . 4 »

« Les salaires des paysans et des domestiques depuis le treizième jusqu'au dix-neuvième siècle, les salaires des ouvriers de métier, les prix du blé et du pain, les prix de la viande et des boissons, les prix de l'habillement, du loyer et de l'éclairage, les rapports du travail avec l'État : tels sont les principaux sujets qu'étudie tour à tour, dans ce livre, M. d'Avenel, avec une précision de détails, une clarté, un agrément pittoresque et une impartialité de jugement qu'on ne saurait trop louer. C'est la vie même du peuple en France, durant sept siècles, qui se déroule devant nous dans toute sa variété. Et si les conclusions qu'en tire l'auteur sont peut-être d'un optimisme philosophique un peu excessif, cet excès se trouve largement compensé par les nombreuses critiques qu'il fait de maints défauts de notre organisation sociale d'à présent, considérée en regard de celle d'autrefois. »

*(L'Illustration.)*

« M. d'Avenel nous présente dans ce nouveau volume des conclusions tout à fait neuves sur l'évolution ancienne du salaire des journaliers, domestiques, ouvriers de métier de l'un et l'autre sexe. C'est une nouvelle étape parcourue dans cette histoire de la civilisation matérielle que l'auteur a entreprise et poursuit avec une science si informée et l'art si rare de donner une valeur et un attrait littéraires à une masse énorme de renseignements et de chiffres. »

*(Journal des Débats.)*

« M. le vicomte d'Avenel nous fait voir aujourd'hui que le prix du travail n'a eu aucune corrélation ni avec le coût de la vie, ni avec le progrès agricole, que la prétendue loi, dite d'*airain*, était une erreur grossière, que les salaires s'étaient proportionnés jusqu'à notre siècle au mouvement de la population et à l'étendue de terre disponible. D'après les calculs de l'auteur, le travailleur jouit actuellement d'un bien-être moitié plus grand que celui de ses aïeux immédiats. C'est beaucoup s'avancer. Mais du moins trouve-t-on dans ce livre de très intéressants détails. »

*(Revue de Paris.)*

# Les Congrès ouvriers en France (1876-1897), par M. Léon de Seilhac (*Bibliothèque du Musée social*). 1 vol. in-8° écu, broché. . . . . . 4 »

L'ouvrage que publie aujourd'hui M. L. de Seilhac, le savant délégué permanent du Musée social, est le mémento le plus substantiel et le plus commode qu'on puisse consulter sur l'histoire du socialisme en France et sur l'état actuel des vingt sectes socialistes. Il eût été facile à l'auteur d'écrire doctoralement cette histoire; mais il eût dû mettre de côté trop de documents. Il lui a paru préférable de laisser la parole aux rédacteurs officiels des différents congrès qui se sont tenus depuis la ruine de l'*Association internationale des travailleurs* jusqu'à la fin de 1897; son livre est le résumé des « protocoles » de ces congrès, et c'est ce qui lui donne son intérêt documentaire.

Dans les derniers chapitres de son ouvrage, M. de Seilhac montre comment le parti vraiment ouvrier, auquel les partis politiques ont pris jusqu'à son nom, tente de se reformer.

*(Le Temps.)*

# La Concentration des forces ouvrières dans l'Amérique du Nord, par M. Louis Vigouroux (*Bibliothèque du Musée social*). 1 vol. in-18 jésus, broché. . . . . . . . . . . 4 »

Ce livre est le résultat d'une enquête impartiale. Son but est de montrer pourquoi et comment les travailleurs américains ont « concentré leurs forces » dans certains métiers, organisé des fédérations couvrant toute l'Amérique du Nord et noué des relations avec les syndicats ouvriers du monde entier.

Après avoir décrit leur organisation, l'auteur a essayé de faire le bilan des conflits ouvriers, étudié les traités imposés par le vainqueur après la bataille (ou bien signés d'un commun accord pour empêcher l'ouverture des hostilités) et il s'est attaché à expliquer l'influence exercée sur les conditions du travail par le mouvement de concentration des employeurs et des employés. Enfin il a examiné le problème soulevé par l'organisation grandissante des travailleurs.

# La Fortune privée à travers sept siècles, par M. le Vicomte G. D'AVENEL. 1 vol. in-18 jésus, broché. . . . . . . . . . . . . . **4** »

Cette étude d'histoire sociale et économique résume et rend accessibles à tous les résultats des grands travaux dont l'auteur poursuit la publication. Elle dégage de tout appareil scientifique les découvertes historiques dont doivent désormais tenir compte tous ceux qu'intéressent les questions relatives à la propriété, aux salaires, aux denrées, aux prix de toutes choses.

Entre les passions qui se déchaînent sous nos yeux et les multiples conflits qui dorment aujourd'hui dans la poussière, presque dans le rebut des archives, M. Georges d'Avenel a rétabli le lien de continuité. Son but est double : remettre en lumière les côtés les plus obscurs et peut-être les plus intéressants de notre vie ancienne; projeter cette même lumière sur les problèmes sociaux d'aujourd'hui.

ALFRED RAMBAUD. (*Revue bleue.*)

---

# Le Mécanisme de la Vie moderne, par M. le Vicomte G. D'AVENEL.

Sous ce titre, *le Mécanisme de la Vie moderne*, M. d'Avenel expose au public les résultats de ce qu'il appelle « un voyage d'exploration à travers les organes compliqués de l'existence actuelle ». Les études de l'éminent écrivain, pleines de révélations curieuses et de vues nouvelles, dissimulent avec soin la substructure solide des documents et des statistiques sous une forme littéraire qui en rend la lecture attachante.

*1re série*. Les magasins de nouveautés. — L'industrie du fer. — Les magasins d'alimentation. — Les établissements de crédit. — Le travail des vins.

*2e série*. Papier. — Éclairage. — Compagnies de navigation. — Soie. — Assurances sur la vie.

*3e série*. La maison parisienne. — L'alcool et les liqueurs. — Le chauffage. — Les courses.

Chaque série, un volume in-18 jésus, broché. **4** »

## Solidarité, par M. Léon Bourgeois. 1 vol. in-18 jésus, broché. . . . . . . . . . . . . . . . . . 2 · »

Cet ouvrage, tant par la signature de son auteur que par le sujet qui s'y trouve traité, prend une importance considérable; il a cet avantage de venir à son heure, alors qu'une lutte si vive est engagée entre les appétits individuels et les obligations sociales.

M. Bourgeois n'est pas seulement un orateur exquis, un administrateur habile, un chef de parti et de gouvernement, il est aussi un penseur et un philosophe. Son idée directrice est de ramener tout « à l'analyse de la personne humaine, être de passion, de raison et de conscience... en évolution perpétuelle vers un type plus élevé de personnalité physique, intellectuelle et morale »... Ce volume, qui contient, merveilleusement formulés, les impératifs catégoriques de notre devoir politique et social, ne peut pas être analysé comme il convient. Pour être apprécié et admiré, il doit être lu.   (*Le National.*)

## L'Alcoolisme et ses remèdes, par M. Maurice Vanlaer. 1 vol. in-18 jésus, br.   2 »

L'ouvrage de M. Vanlaer vient à point pour stimuler le mouvement d'opinion contre l'alcoolisme.

On y trouve des faits et des chiffres, non des déclamations. Le mal y est décrit froidement, mais avec précision. Tous les remèdes proposés sont examinés sans parti pris : la prohibition de l'alcool, comme en quelques états de l'Union américaine; la suppression des cabarets, comme en Russie; la réforme de l'impôt des boissons et les projets de monopole; les répressions de l'ivresse et les asiles pour buveurs; l'action des Sociétés de tempérance.

Ce livre se lit sans fatigue et intéresse en même temps qu'il instruit. Sous sa forme brève, il donne l'exposé le plus clair et le plus complet d'une question qui doit préoccuper tous les bons citoyens et sur laquelle ils auront tôt ou tard à prendre parti   (*République française.*)

## Solidarité, par M. Léon Bourgeois. 1 vol. in-18 jésus, broché. . . . . . . . . . . . . . . . . . . 2 · »

Cet ouvrage, tant par la signature de son auteur que par le sujet qui s'y trouve traité, prend une importance considérable; il a cet avantage de venir à son heure, alors qu'une lutte si vive est engagée entre les appétits individuels et les obligations sociales.

M. Bourgeois n'est pas seulement un orateur exquis, un administrateur habile, un chef de parti et de gouvernement, il est aussi un penseur et un philosophe. Son idée directrice est de ramener tout « à l'analyse de la personne humaine, être de passion, de raison et de conscience... en évolution perpétuelle vers un type plus élevé de personnalité physique, intellectuelle et morale »... Ce volume, qui contient, merveilleusement formulés, les impératifs catégoriques de notre devoir politique et social, ne peut pas être analysé comme il convient. Pour être apprécié et admiré, il doit être lu.     (*Le National.*)

---

## L'Alcoolisme et ses remèdes, par M. Maurice Vanlaer. 1 vol. in-18 jésus, br.   2 »

L'ouvrage de M. Vanlaer vient à point pour stimuler le mouvement d'opinion contre l'alcoolisme.

On y trouve des faits et des chiffres, non des déclamations. Le mal y est décrit froidement, mais avec précision. Tous les remèdes proposés sont examinés sans parti pris : la prohibition de l'alcool, comme en quelques états de l'Union américaine; la suppression des cabarets, comme en Russie; la réforme de l'impôt des boissons et les projets de monopole; les répressions de l'ivresse et les asiles pour buveurs; l'action des Sociétés de tempérance.

Ce livre se lit sans fatigue et intéresse en même temps qu'il instruit. Sous sa forme brève, il donne l'exposé le plus clair et le plus complet d'une question qui doit préoccuper tous les bons citoyens et sur laquelle ils auront tôt ou tard à prendre parti     (*République française.*)